ヨベル新書
066

焚き火を囲んで聴く神の物語・説教篇〈3〉

栄光への脱出

出エジプト記

大頭眞一

YOBEL,Inc.

父　敏夫に（1931・8・18―2020・4・14）

装丁・ロゴスデザイン：長尾 優

大頭眞一牧師に「贈る言葉」

登戸学寮長、北海道大学名誉教授　千葉　惠

大頭眞一牧師の全八巻におよぶ説教集が公刊されますこと心よりお祝い申し上げます。牧師が心を注ぎだしつつ日曜ごとに語られた福音とその聴衆などの方々の献身によります音声の文字化を通じての共同作業における感動の共有、これはわが国の現状のなかで大きな証と存じます。説教を拝聴したことがない身でおこがましいのですが、個人的な評ではなく「贈る言葉」をということでしたので、一般的な言葉で船出を祝したいと存じます。

説教はギリシア・ローマ世界では説得をこととする「弁論術（Rhetoric）」に属します。政治家や弁論家は聴衆の「パトス（感情）」に訴えまた「ロゴス（理論）」により訴えそして、「人格」に訴えつつ、自らが最も正しいと理解することがらを市民に説得する、その技術が弁論術です。例えば、戦争に駆り出そうとするさいには、パトスに訴え「家々は焼かれ財産は略

奪され、婦女子は……」という仕方で恐怖などを呼び起こして参戦を促しました。
大頭牧師は説教によりイエス・キリストを宣教しておられます。キリストが罪を赦す権威をもった方であり、人類に救いをもたらす方であることを聴衆に語り掛け、説得します。福音の宣教は通常の弁論術とは異なります。例えばペリクレスの場合は彼の「人格」の故に、民衆はペリクレスが言うのだからという彼の人格への信頼のもとに彼の政策を受け入れました。しかし、福音の宣教においては、ただイエス・キリストの「人格」が屹立しています。彼においてこそ、他の人類の歴史においては一度も実現できなかった正義と憐れみの両立が出来事となりました。この救い主を高らかに宣教すること、ただそれだけで、キリストの弟子でありうることただそれだけで、大頭牧師は無上の光栄ある務めであり、希望であり喜びであると日曜ごとに立ち返っておられたことでありましょう。キリストを語ること、それだけで人類が持ちうる最大の説得が遂行されていることでありましょう。

２０１９年10月10日

栄光への脱出——出エジプト記

目次

叫びを聞く神

聖書　出エジプト記2章1～10節
1 さて、レビの家のある人がレビ人の娘を妻に迎えた。2
彼女は身ごもって男の子を産み、その子がかわいいのを見
て、三か月間その子を隠しておいた。3 しかし、それ以上
隠しきれなくなり、その子のためにパピルスのかごを取り、
それに瀝青と樹脂を塗って、その子を中に入れ、ナイル川の岸の葦の茂みの中に置いた。4
その子の姉は、その子がどうなるかと思って、離れたところに立っていた。5 すると、ファ
ラオの娘が水浴びをしようとナイルに下りて来た。侍女たちはナイルの川辺を歩いていた。
彼女は葦の茂みの中にそのかごがあるのを見つけ、召使いの女を遣わして取って来させた。
6 それを開けて、見ると、子どもがいた。なんと、それは男の子で、泣いていた。彼女は

その子をかわいそうに思い、言った。「これはヘブル人の子どもです。」7その子の姉はファラオの娘に言った。「私が行って、あなた様にヘブル人の中から乳母を一人呼んで参りましょうか。あなた様に代わって、その子に乳を飲ませるために。」8ファラオの娘が「行って来ておくれ」と言ったので、少女は行き、その子の母を呼んで来た。9ファラオの娘は母親に言った。「この子を連れて行き、私に代わって乳を飲ませてください。私が賃金を払いましょう。」それで彼女はその子を引き取って、乳を飲ませた。10その子が大きくなったとき、母はその子をファラオの娘のもとに連れて行き、その子は王女の息子になった。王女はその子をモーセと名づけた。彼女は「水の中から、私がこの子を引き出したから」と言った。

9月の第三主日、敬老主日の礼拝にようこそいらっしゃいました。今日から出エジプト記に入ります。もともと飢饉のためにカナンからエジプトに逃れてきたイスラエルでしたけれどもこの時、イスラエル人は大変な苦難に見舞われていました。

エジプトではとても素晴らしいことがなされてきました。わずか70人ばかりの一族が百万人を超える大民族になったわけです。エジプト人よりも多いんじゃないかというほどの民族になりました。豊かな土地であるエジプトがゆりかごのようにこの民族を養った。ヨセフがエジプトを飢饉から救ったというので恩を感じたエジプト人がイスラエル人を守り、特別に扱ったということがあったのです。

ところがこの時代に迫害が始まります。ヨセフの時代のファラオというのはもともとエジプト人ではありませんでした。他から入ってきた異民族の王朝がエジプトを支配している時にヨセフが連れて来られたのです。異民族同士なのであまり偏見はありませんでした。ところが出エジプトの時代になりますと、エジプト人が支配権を取り戻していました。そうしますとイスラエル人は外国人だ、ヨセフのことなんか知らない、というわけで迫害が始まりました。しかしこの迫害の中でイスラエル人は「自分たちはエジプト人じゃないんだ、他の民族とは違うんだ、神さまに選ばれた神の民なんだ。」と自覚するようになっていきます。実は、そこに神さまの大きなご計画がありました。

元々、イスラエルが選ばれたのは世界の祝福の基となるため、他の民族、そして地上の全ての国民を神さまに導くという大きなご計画のためだったわけです。しかし、神さまはご計画を進める時にご自分だけで何でもかんでも全てやっていく、そういうお方ではありません。そこに関係する一人一人、全ての人に丁寧に関わり合いながら、その人を取り扱い、訓練し、成長させる。そういうことを全ての人に対して行いながら、同時に大きなご計画を達成していかれる。そういうお方です。

ヨセフの生涯もそうだったことを覚えます。ヨセフはエジプトで苦難の中を通るのですけれども、その中で愛と知恵に満ちた人に成長させられて行く。そしてその中で兄たちも悔い改めに、それも本当の悔い改めに導かれていったわけですね。ですから神さまは計画があるからと言ってそれを何とかやっとのことで、ほうほうの体で成し遂げられるお方ではない。なり振り構わず何でもいいから、とにかく計画だけ達成されるお方ではない。そうじゃなくて、本当に全ての人に目を配りながら、全ての人に最も良いことをしながら、ご自分の計画に向かって世界を導いていくお方であります。

ヨセフの時代から四百年が過ぎた今、イスラエルはエジプトで苦しんでいます。そして神さまの計画がもう一歩大きく踏み出すという時がやって来ます。この時も神さまはただブルドーザーのように計画を進めていくわけではなく、モーセという一人の人を取り扱い、造り変えられていく。そのことを通して計画が進んでいきます。神さまの壮大な計画と私たちの毎日の生き方はかけ離れているものではないのですね。深く結びついています。

私たちの毎日の生活は神さまの壮大な計画の一部であることを、まず覚えていただきたいと思うんです。イスラエル人は、エジプトでおびただしく増えていくわけです。ところがエジプトでは政権が交代し、「もうイスラエルを友とはみなさない」、そういう国になってしまった。エジプト人はイスラエル人を、いつ背くか分からない敵だとみなしだしました。

「やがて、ヨセフのことを知らない新しい王がエジプトに起こった。彼は民に言った。『見よ。イスラエルの民はわれわれよりも多く、また強い。さあ、彼らを賢く取り扱おう。彼らが多くなり、いざ戦いというときに敵側についてわれわれと戦い、この地から出て行くことがないように。』」（1・8〜10）

ファラオはイスラエルを恐れました。敵に攻められた時、イスラエルが敵側についたらエジプトは確実に負けてしまう。そうなったらエジプトはどうなってしまうか。ファラオはその位を奪われるだろうし、命だって奪われてしまうかもしれない。恐れるわけですよね。そうならないためにはイスラエルの力を弱くすることだ。ということで過酷な重労働をさせて弱らせようとした。次に、彼らに男の赤ちゃんが生まれたら殺すように助産婦たちに命じました。イスラエルは本当に弱り果て、叫ぶわけです。その叫びは神さまに届きます。

「神は彼らの嘆きを聞き、アブラハム、イサク、ヤコブとの契約を思い起こされた。神はイスラエルの子らをご覧になった。神は彼らをみこころに留められた。」（2・24～25）

「思い起こされた」ということは、ひょっとすると神さまは忘れていたのか。そんなことを思ったりしますが、もちろんそんなことはありません。私たちが神さまを忘れることはあっても、神さまは私たちを決してお忘れになりません。

実はこの後の出エジプトの経過を見て行きますと、イスラエルの人々がエジプトで偶像礼拝に相当染まっていたことがわかるんです。「アブラハム、イサク、ヤコブとの契約。アブラハム、イサク、ヤコブの神として現れる神。」そういうふうにご自身とイスラエルの関係を語られる神。イスラエルと人格的な交わりを持ってくださる神。イスラエルはそれを忘れてしまった。ですから、イスラエルはエジプトにおいて単にファラオの奴隷というだけではなく、そうではなく、エジプトの偶像礼拝の奴隷でもあった。

偶像礼拝をする人々が頭に思い浮かべるのは、気紛れに災難をもたらして人を苦しめる神。怒らせたら何をするか分からない、訳がわからない、そういう神。だからそういう神には触らないように、怒らせないように、「触らぬ神にたたりなし」となだめたりする。そのうちに、イスラエルの人々は本当の神を見失ってしまった。まるで自分たちが奴隷であるかのように、機嫌を伺わなければならない神だと思ってしまった。

しかし、イスラエルが本来知っている神、アブラハム、イサク、ヤコブの神はそういう神ではないですよね。私たちを愛し、私たちを友とすることを望み、私たちの愛を求めるお方だということ。イスラエルはそれを忘れてしまっていました。神さまは、そういうイスラエルをこの時にようやく思い起こしたのではありません。そうではなくてずっと語り続けておられた。ところがイスラエルはその御声を聞き取ることができなかった。弱り果ててしまった。そんなイスラエルに神の愛はなおあふれ、特別な働きかけをしてくださいました。

「イスラエルの子らは重い労働にうめき、泣き叫んだ。重い労働による彼らの叫びは神に届いた。」（2・23）

ここを読みますと「彼らは主に向かって叫んだ」とは書いてない。「主に向かって祈った」とも書いてない。イスラエルは神さまが分からなくなってしまって、ただ泣き叫んだ。子どもが「痛い、痛い」と泣き叫ぶように、誰でもいいから助けてくれと泣き叫んだ。ですから、信仰をもって神に一生懸命祈ったから神さまが聞いてくださったというわけではない。わけもわからず泣き叫んでいるイスラエルの声が、神に届いた。神さまはまるで身を屈めるようにしてイスラエルの叫びを聞いてくださった。そのように大きな神さまのあわれみがここにあります。

出エジプトの出来事は神さまの愛を表す出来事として、後のイスラエルの歴史を通して預言者たちによって繰り返し、繰り返し語り続けられることになります。イスラエルは度々偶像礼拝に走るわけですけれども、その度に預言者たちは出エジプトの出来事を思い出させようとしました。一箇所開きましょう。

「イスラエルが幼いころ、わたしは彼を愛し、エジプトからわたしの子を呼び出した。」
（ホセア書11・1）

ホセアはさらにイスラエルに対する神さまの愛を驚くような言葉で描いています。

「エフライムよ。わたしはどうしてあなたを引き渡すことができるだろうか。イスラエルよ。どうしてあなたを見捨てることができるだろうか。どうしてあなたをアデマのように引き渡すことができるだろうか。どうしてあなたをツェボイムのようにすることができるだろうか。わたしの心はわたしのうちで沸き返り、わたしはあわれみで胸が熱くなっている。」（ホセア書11・8）

この表現は偶像礼拝で拝されている神とは全く異なる神です。神がわからなくなっている私たちを見ると胸が熱くなり、心が沸き返えるほどに私たちを憐れに思い愛してくださる神。罪を犯して神の愛から簡単に離れてしまう私たち。互いに愛を貫くことができない私たち。自分を愛することができず、自分を嫌いになってしまう私たち。だから他の人に色んな思いをぶつけて傷つけ合ってしまう私たち。そうするうちに神さまの愛を忘れてしまう、そういう私たち。けれども神さまは「だからお前たちはダメだ」とおっしゃっているのではありません。「わたしの心はわたしの内で沸き返り、わたしはあわれみで胸が熱くなっている。」あなたを愛している。あなたがたがもう一度わたしの愛を知ることができるように、取り戻すことができるように。そして、そんなに愛されている自分を知ったのなら、その愛を注ぎ出して赦し合い、かばい合い、愛し合う。あなたがたはそのような民なのだ、と神さまは繰り返し語ってくださる。そういう愛でイスラエルを愛し、私たちを愛してくださる。

以前、ナザレン山陰《さんいん》聖会のことを話しました。二回の集会で奉仕したと言ったのですが、後でよく考えるとあの聖会では三回メッセージをしました。一番最初に子どもたちにもお話しをしてくださいと頼まれ、アブラハムについて話しをしましたが、聖会のテーマがアブラハムだったので、子どもたちにもわかりやすいようにお話ししました。

「アブラハムは行き先を知らないで出て行きました。それはすごいことですよね。私たちが引っ越しをする時に、行き先に新しい家があるのか、ないのかわからないのに引っ越しするってないでしょ。でもね、アブラハムは行き先を知らなかったけれど、誰が一緒にいてくださるかを知っていました。神さまがいっしょにいてくださることを。」

そうお話ししました。

新学期ですから、中には学校で困っている子がいるかもしれないと思い、困った時にはどうしたらよいか、「深呼吸して、祈って、探す。」ということを話しました。困ったときにはあわてないで深呼吸する。神さまがおられることを思い出す。そして祈る。助けてくださいと祈る。祈ったら、もうすでに神さまが助けを送っておられるはず。それを探す。神さまの助けは私たちが思うようなかたちではないのかもしれない。「あのいじめっ子がいなくなったらいいのに。」と思うけど、次の日に学校へ行ったら「またいた。」と。大抵いるとは思いますけど。でもそういうことでがっかりしちゃいけないよ。神さまはすでに助けを送ってくださっているはず。それを探せばいい。しばしば、神さまは人を通して助けてくださいます。だからそれが誰なのかよく探す。先生や家族だけじゃない、他のいろいろな人を通しても神さまは助けを与えてくださる。だから「深呼吸して、祈って、探す。」と、そう語りました。「深呼吸して、祈って、探す。」私たち大人も覚えておきたいと思います。

出エジプトの時代も、神さまはすでに救いを始めておられました。ファラオは助産婦たちに男の赤ちゃんを殺さなければならないと命じました。しかし助産婦たちはそれに従わず、男の子たちを生かしておいた。この生かされた赤ちゃんの中に、実はモーセがいました。神はすでにこの時、備えを始めておられた。神さまの壮大な計画と私たちの毎日の生き方はかけ離れてはいません、深く結びついています。助産婦たちは「私たちは女性ですから無力です。」とか「政治家ではないから、軍人ではないから、助産婦にすぎないから何もできない。」とは言いませんでした。彼女たちは神さまが望んでおられることに従いました。それが出エジプトに繋がるなんて思ってもいなかったでしょう。でも置かれた場所で神さまを愛し、周りの人々を愛した。助産婦の役割はお産を手伝うことであって、赤ん坊の命を奪うことではない。彼女たちはきちんと自分に与えられた役割を果たしました。神さまは何か英雄的な人、他の人より飛び抜けて優れた人、そういう人々を用いるのではなくて、こうした人々を用いてご自分の計画を進められます。私たち一人一人の置かれた場所できちんと慎ましやかに、でも愛を持って生きていくという小さな役割が神さまの大きな計画を支えているのです。

助産婦たちが言うことを聞かなかったのでファラオは次の命令を下す。「生まれたイスラエルの男の子はみなナイル川に投げ込め。」とエジプトの全ての民に命じた、とあります。エジプトの全ての人々がイスラエルの男の子を探しているのです。生まれる時には殺されることを免れたモーセですけれども、エジプト中の人々が男の子を探す、その目を逃れることはできない。ついにかごに入れられてナイル川に流されることになったのですが、ここで神さまが不思議なことをなさった。

エジプト人がイスラエルの男の子を探し回っている中で、唯一安全な場所があった。ファラオの娘が保護する場所、そこだけが安全であったのです。モーセはファラオの娘の保護下に入るようにされた。そして姉ミリアムの機転によって自分の母親の乳房によって育てられる。乳離れした後は、さらに安全なファラオの宮殿で育てられる。そこで食べ物に困ることもなく豊かに成長して力の強い若者になりました。エジプトの学問や支配者としての心得を学んだであろうと思います。そのようにして大人になったのです。

ところが、モーセには置かれた場所で役目を果たす備えができていなかった。ファラオの娘の息子となったモーセですが、そこに置いてくださったのは神さまです。彼にはそこでの役割があったはずです。ひょっとしたら、ヨセフのようにファラオの信頼を勝ち得たかもしれない。そうしたならイスラエルは平和のうちに解放されたかもしれない。でも、モーセは何もかも台無しにしてしまいました。

「こうして日がたち、モーセは大人になった。彼は同胞たちのところへ出て行き、その苦役を見た。そして、自分の同胞であるヘブル人の一人を、一人のエジプト人が打っているのを見た。」（2・11）

モーセは自分がヘブル人、つまりイスラエル人であることを自覚していました。（注・「ヘブル人」はイスラエルの人々が自分たちのことを異国の人々に話したり、逆に異国の人々がイスラエル人を指して使った言葉。）彼は普段から苦しむ同胞を助けたいと思っていたはずです。だから目の前で叩かれている仲間を見た時に、力に任せて、怒りに任せてエジプト人を殺してしまった。誰も見ていないと思ったのです。でも、誰かが見ていた。だから次の日、争っていたヘブル人同士を仲裁しようとした時に「あなたは昨日エジプト人を殺したように私を殺す気か。」と言われてしまうのです。

神さまは私たちをお用いになる時、手段を選ばずとにかく目的を達成すればいいとは思われない。神さまには、神さまらしいやり方があります。神さまに仕える人には、神さまに仕える人らしいやり方があります。それは愛と忍耐によって役割を果たしていくこと。その中において成長させられながら、役割を果たしていく。何でも良いのではなく、そこに愛がなければ神さまは喜ばれない。そのように神さまはご自分らしいやり方で用いられるのです。そういうやり方で役割を果たしていく時に、私たちの周りの人々も「これが神の民の生き方なのか。」と神さまを見、神さまを思うことができます。それが神さまの望まれる役割の果たし方です。

イエスさまが30歳で公の生涯に立ち上がられた時に、サタンはイエスさまを誘惑しました。神さまに相応しくないやり方で使命を果たすように誘惑したんです。「神殿の屋根から飛び降りて自分が神の子であることを見せつけたら良いじゃないか。石をパンに変えることでご自分が神の子だと証明したら良いじゃないか。」と言った。だけどそれは神さまらしいやり方じゃない。奇跡を見せて、力ずくで人を這いつくばらせる、というやり方は神さまらしいやり方ではない。だからイエスさまはそうなさらなかった。反対に、愛と忍耐をもって十字架に進んで行かれたのです。

でもこの時、モーセはまだ神の民の生き方が分からない。ひょっとしたら、自分はヘブル人の英雄であるかのように扱われると思っていたのかもしれない。ところがそうはならなかったんです。イスラエルの同胞は「あのエジプト人を殺したように、私も殺そうと言うのか。」と言った。感謝するどころか反感をかい、危険な者として拒絶された。受け入れられなかった。それどころかこのことがファラオの耳にも入って、ファラオも殺人を犯したモーセを探した。モーセを殺そうと探し求めるわけですよね。もうモーセはファラオの娘の子ではなくなってしまった。せっかく神さまが命を助け、エジプトの王宮で育ててくださったのに、全てが無駄になってしまった。モーセは何も持たずにたった一人で逃げるしかなかった。

モーセに必要なのは何だったのか。

助産婦たちと比べるとわかります。助産婦たちは神さまを畏れたんです。彼女たちはただ怖がったわけでも「触らぬ神に祟りなし。」と神に触れなかったのでもなく、神さまを敬い、愛しました。そして、神さまの心を自分たちの心とした。だからファラオがヘブル人の男の子を殺すように命じても従わなかったのです。これは危険なことだったはずです。自分の命を奪われるかもしれなかった。でもそういう危険の中で神さまに従った。見かけの上ではモーセがエジプト人を殺したことに比べて、助産婦が子どもを取り上げ続けたというのは地味で目立たないことかもしれない。しかしこの助産婦たちの行動はモーセより遥かに信仰を必要としたと思います。自分の命を差し出す、そのような信仰を必要とした。私たちは「そんな信仰を持つことができない。」と、そう言いたくなります。けれどもそれは私たちの持ち物ではなく、神さまから来るものです。私たちは弱いけれども、その弱さを神さまの前に持ち出し「信仰を与えてください。」と祈るその時、神さまが必要な信仰を与えてくださいます。私たちが置かれた場所で役割を果たさせてくださる。そして、ご自分の大きな計画をそこから進めてくださいます

先週の〈聖書の学びと祈り会〉では再臨について語り合いました。「私たちは主イエスがもう一度来られる時に復活する。しかしその時起こることは私たちの復活だけではなく、宇宙の回復。天と地のすべてが新しくなる。地震や津波といった災害がなくなり、涙も痛みもない、叫びもない。動物たちが食い合うこともない。毒蛇も害をなすことがなくなる。再臨ってそういう壮大なスケールで起こる出来事なんだ。」って語り合ったわけです。でも「これはあまりに壮大過ぎる。大き過ぎて私たちにはうまく捉えることができないね。」とも。その通りなんです。だから、他の人に説明しようと思ってもなかなかうまく話せない。だけどはっきりしていることがあって、それは、神さまはこの世界を今のまま放っておかないということ。人々は神を知らず、互いに愛し合うことができず、地球はまるで傷ついて暴れているように天変地異を繰り返している。でも神さまはこの世界をあわれんでくださり、私たちをあわれんでくださる。このまま放ってはおかれない。

再臨の時に神さまがしてくださることは、私たちが想像する一番良いものより、もっと良いもの、すばらしいものです。だから表現できない。今はまだ地震や津波や台風による痛みがある。病など色々な生きづらさがある。皆、老いや死を経験しなければならない。けれども、そんな中でも神さまは私たちを愛してくださって「わたしの心はわたしの内で沸き返り、わたしはあわれみで胸が熱くなっている。」とおっしゃって祝福してくださいます。モーセは何もかも失ったけれども、逃亡先のミデアンで40年間、神さまからの訓練を受けた。神さまとの交わりの中でじっくりと養われていきます。神さまを知り、神さまのしもべの生き方を知っていくわけです。それは仕える生き方、与える生き方です。

先週、牧師会に行った時に、この夏のティーンズ・バイブル・キャンプの証し集ができたというので頂きました。その最後にU兄弟の証しがあり、ちょうど今日と同じ聖書個所からの感想が載っていました。「主講師の才脇弘道先生（日本イエス・キリスト教団峰山教会牧師）が『モーセは自分を諦めたんだ。何もかもなくしてエジプトから逃げ出した時に、モーセは自分を諦めた。でも神さまだけはモーセを諦めなかった』と語られたところに心打たれた。私も才脇先生も自分で自分を諦めた経験があった。けれども、神さまだけは私を諦めなかったんだと思い出しました。」という感謝の証しでした。

私たちも度々「自分なんかもうだめだ。」「こんな私はだめだ。」と思う。だけど神さまだけは私を諦めない。モーセがエジプトを逃げ出したのは40歳の時。それから40年経ったら80歳になってしまうわけですけど、その40年間神さまは諦めない。人を殺してしまうような短気なモーセを「モーセという人は、地の上のだれにもまさって柔和であった。」（民数記12・3）とあるほどに柔和な人へと変えてくださる。神さまは諦めないのです。何もかも台無しにしてしまったと思うその時にも、大きなあわれみで私たちを成長させてくださる。そして、再臨へと続くこの世界の回復の中で、私たちが置かれている場所で役割を果たさせてくださいます。その時に無駄になることは何もない。私たちが味わう痛みや悲しみも、またそのために用いられていきます。

ご高齢の方々の多い日本です。教会もまたそうです。高齢だからこそ分かることがある。長い年月を生きてきたからこそ分かる弱さがあり、語ることのできる励ましの言葉がある。高齢だからこそ与えられている役割があると思います。それはそれぞれに違うけれども、今、自分に与えられている役割を、愛と忍耐を持って果たしていく私たちの行く先に、再臨の素晴らしい回復が待っていることを覚えたいと思います。

使命に生きるために

聖書　出エジプト記3章1～17節

1 モーセは、ミディアンの祭司、しゅうとイテロの羊を
飼っていた。彼はその群れを荒野の奥まで導いて、神の
山ホレブにやって来た。2 すると**主**の使いが、柴の茂み
のただ中の、燃える炎の中で彼に現れた。彼が見ると、
なんと、燃えているのに柴は燃え尽きていなかった。3 モーセは思った。「近寄って、こ
の大いなる光景を見よう。なぜ柴が燃え尽きないのだろう。」4 **主**は、彼が横切って見に
来るのをご覧になった。神は柴の茂みの中から彼に「モーセ、モーセ」と呼びかけられた。
彼は「はい、ここにおります」と答えた。5 神は仰せられた。「ここに近づいてはならな
い。あなたの履き物を脱げ。あなたの立っている場所は聖なる地である。」6 さらに仰せ

られた。「わたしはあなたの父祖の神、アブラハムの神、イサクの神、ヤコブの神である。」
モーセは顔を隠した。神を仰ぎ見るのを恐れたからである。7 **主**は言われた。「わたしは、
エジプトにいるわたしの民の苦しみを確かに見、追い立てる者たちの前での彼らの叫びを
聞いた。わたしは彼らの痛みを確かに知っている。8 わたしが下って来たのは、エジプト
の手から彼らを救い出し、その地から、広く良い地、乳と蜜の流れる地に、カナン人、ヒッ
タイト人、アモリ人、ペリジ人、ヒビ人、エブス人のいる場所に、彼らを導き上るためで
ある。9 今、見よ、イスラエルの子らの叫びはわたしに届いた。わたしはまた、エジプト
人が彼らを虐げている有様を見た。10 今、行け。わたしは、あなたをファラオのもとに遣
わす。わたしの民、イスラエルの子らをエジプトから導き出せ。」11 モーセは神に言った。
「私は、いったい何者なのでしょう。ファラオのもとに行き、イスラエルの子らをエジプ
トから導き出さなければならないとは。」12 神は仰せられた。「わたしが、あなたとともに
いる。これが、あなたのためのしるしである。このわたしがあなたを遣わすのだ。あなた
がこの民をエジプトから導き出すとき、あなたがたは、この山で神に仕えなければならな
い。」13 モーセは神に言った。「今、私がイスラエルの子らのところに行き、『あなたがた
の父祖の神が、あなたがたのもとに私を遣わされた』と言えば、彼らは『その名は何か』

と私に聞くでしょう。私は彼らに何と答えればよいのでしょうか。」[14]神はモーセに仰せられた。「わたしは『わたしはある』という者である。」また仰せられた。「あなたはイスラエルの子らに、こう言わなければならない。『わたしはある』という方が私をあなたがたのところに遣わされた、と。」[15]神はさらにモーセに仰せられた。「イスラエルの子らに、こう言え。『あなたがたの父祖の神、アブラハムの神、イサクの神、ヤコブの神、主が、あなたがたのところに私を遣わされた』と。これが永遠にわたしの名である。これが代々にわたり、わたしの呼び名である。[16]行って、イスラエルの長老たちを集めて言え。『あなたがたの父祖の神、アブラハム、イサク、ヤコブの神、主が私に現れてこう言われた。「わたしは、あなたがたのこと、またエジプトであなたがたに対してなされていることを、必ず顧みる。[17]だからわたしは、あなたがたをエジプトでの苦しみから解放して、カナン人、ヒッタイト人、アモリ人、ペリジ人、ヒビ人、エブス人の地へ、乳と蜜の流れる地へ導き上ると言ったのである」と。』

9月の伝道礼拝へようこそいらっしゃいました。

出エジプト記を読み進んで参りましたけれども、この朝はモーセのお話です。映画で有名な『十戒《じっかい》』というのがあります。その中で、モーセが杖を差し伸べると海が二つに分かれてイスラエルが乾いた道を渡って行くというシーンがありますが、そのモーセですね。

今日の箇所でモーセは神さまから「あなたがリーダーになるんだ。」って言われますが、彼は「はい、わかりました。」と喜び勇んで返事をしたわけではありません。むしろ「私はいったい何者なのでしょう、イスラエル人を連れ出さなければならないとは。」と言っている。「私はそのような重い任務にとても耐え得るような者ではない。私には無理だ。」そう言うわけです。何とか逃れようと、神さまにかなりしつこく「私じゃない誰かを。」と言い続けるのです。聖書を読んでいておもしろいなと思うのはこういうところです。

神さまはもちろん、何でもご存じの絶対的なお方です。だからモーセはまず靴を脱いで神さまを礼拝した。ところが何でもご存じで全てを造られた神さまに対し、モーセはただの人間でありながら異議を唱えています。「神さま、それは無理です。」と言っています。実はここに、聖書の神さまがどういうお方であるかというご性質がとてもよく表れていると思います。神さまは人を力づくで支配することをなさらない。皆が敏感になってきたからということもあると思うんですけれども、最近、色んなハラスメント、パワハラとかが次から次へと社会的な話題として出て来ます。結局、人はともすると他の人を力で支配しようとします。

相手が自発的にそうしたいと思わないのに、無理やり力でねじ伏せて自分の言うことを聞かせようとします、そういう傾向があることを日々思い知らされます。

あれは特別な人だけのことか、と言うとそうじゃないと思います。私たちもこれを成し遂げなかったら自分の立場が危うくなるという時に、仕事を失って食べていけなくなりそうな時に、家族が困ったことになりそうな時に、ひょっとしたら自分も持っている力や立場を利用してしまうかもしれない。自分にもそういう傾向があるということを誰もが知っておいた方がいいと思うんです。

力づくで誰かを支配しようとします、本当はそういうことが一番できるのが神さまのはずです。一番力を持っています。しかし、神さまはそういうことはなさらない。神さまだけは決してそういうことをなさらない。そうじゃなくて、神さまは語りかけるんです。「わたしはこのように願うけれどもあなたはそれに従うか、あなたはそれを自分で選ぶか。」と聞いてくださるのです。しかも愛のこもった語りかけ方なのです。私たちが「いいえ、嫌です。」と言っても「そうか、それじゃあもうお前はおしまいだ。」とはおっしゃらない。「では、わたしがこのように助けてあげよう、それでどうか。」と語り続けてくださいます。そういう神さまが聖書の神さまであり、私たちの神さまだということを思うんです。

私たちには神さまがおっしゃることを受け入れることもできるし、拒否することもできます。神さまに招かれるとき、それを拒否することもできます。そのように、人は神さまにとって応答関係の存在なのです。神さまにとって、私たちは「命令を聞かなかったらダメ。」と済ますことができない存在、それが私たちなのです。

神さまは私たちを奴隷として見ておられない。エジプト人はイスラエル人を奴隷として見ていました。暴力をふるってもいい、反抗したら殺してもいい、何をしてもいい相手だったわけです。でも、神さまは違った。イエスさまの言葉を借りるならば、神さまは私たちを友と見てくださっています。「あなたがたは神の友、私と愛し合う友だ。」と見てくださっています。そして私たちはそれにふさわしく成長します。友は友の心を知るわけですから、相手が何を考えているか、何を願っているかを知っています。私たちがそのように成長することを神さまは望んでおられます。

モーセもまた、様々な出来事の中で成長していく途上にあるわけです。その途上で「神さま、そんなこと言ったって。」と断るのですけれども、そこで神さまが見捨てないで、なおも忍耐強く語り続けてくださることによって、モーセはさらに神さまを知っていくのです。ここからも成長していくのです。モーセには過去があった。先週語りましたが、彼は仲間のイスラエル人を助けようとしてエジプト人を殺してしまった。ひょっとしたら「自分はイスラエルの人々からヒーローとみなされるだろう。」と思ったかも知れない。でも、そうじゃなかった。イスラエルは彼を拒絶した。本来はエジプトの支配者ファラオの娘の王子としてイスラエルの人々のために何かをすることができたはずなのですが、結局この殺人事件がファラオの知るところとなって、彼は追われる身となったわけです。何もかもダメにして命まで狙われます。神さまが特別にモーセを水の中から引き出し、エジプトの宮殿で育て、教養や人脈や色んなことを与えてくださったのですけれども、それを何もかもダメにしてしまいました。その時モーセは「自分はどれだけダメな人間なんだ、誰も助けることができない。」と自分を諦めてしまったと思うんです。イスラエル人たちも「あれはダメだ。」と言って諦めたかも知れない。「あいつはエジプト人と暮らしているためにエジプト人と同じ残酷な人間になってしまったんだ。」と思ったのかも知れません。でもただ一人、モーセを諦めないお方がおられた。それが神さまでした。神さまは、モーセをミデアンの荒野で40年養い続けてくださり、モーセは神さまとの交わりの中で成長していきます。

ある日一本の柴が——丈の低い薪にするような木ですけれども——燃えているんです。燃えたらそのうちなくなるはずなんだけれども、燃えても燃えてもなくならない。ある牧師は、

「これは神さまの情熱なんだ。」と言った。いつまでもなくならない。そうかもしれない。愛といってもいいかも知れない。私たちを諦めることができない神さまの愛と言ってもいいかもしれません。

とにかく尋常ならざる、神さまの働きに違いないと思えるような燃える柴。そこに神さまが現れてモーセに「イスラエルをエジプトから連れ出せ。」と語りかけてくださいました。でも、応答することができないんです。「はい、わかりました。」と言うことができないんです。自分の手には負えないと思うわけです。神さまはそんなモーセに優しく語られました。

「わたしはあなたの父祖の神、アブラハムの神、イサクの神、ヤコブの神である。」（３・６）

アブラハム、イサク、ヤコブのことは、モーセも何度も聞かされていたに違いありません。アブラハムの神と言えば、百歳のアブラハムに子どもを生まれさせ、跡継ぎを与えてくださった神さま。あの夜にアブラハムの手を取るようにしてテントの外に連れ出し「この星を見てごらん。」と美しい星空を通して彼の心を開いてくださった神さま。またイサクの奥さんは妊娠することができない女性だったけれども、その胎を開いて子どもたちを与えてくださったイサクの神さま。そして、ヤコブというのは非常にずるくてお兄さんを騙して権利を奪い取ったような男ですけれども、この人がやがてお兄さんと再会しなければならなくなった時、本当に怖くて落ち着いていられない、もう逃げ出したいような気持ちの時に一晩中ヤコブと付き合ってくださった神さま。「ヤコブと相撲を取った、格闘した。」とありますけれども、結局のところ神さまがおののくヤコブを一晩中抱きすくめてくださった。そういう神さま。アブラハムの神、イサクの神、ヤコブの神というのはそういう神さまなんです。

怖くて震えている、希望がなくてもうダメだと絶望している、そういう人のところへご自分から身を屈めるようにして来てくださる、寄り添ってくださいます。そういう神さまが今モーセのところに来て「アブラハムの神、イサクの神、ヤコブの神だ。」とおっしゃった。つまり「そのようにわたしもあなたの神になってあげよう。」とおっしゃってくださった。だけど、やっぱりモーセはダメなんです。

「今、私がイスラエルの子らのところに行き（行くと決意したというより、もし行ったとしたら彼らはこう聞くでしょうということ）、『あなたがたの父祖の神が、あなたがたのもとに私を遣わされた』と言えば、彼らは『その名は何か』と私に聞くでしょう。私は彼らに何と答えればよいのでしょうか。」（3・13）

聖書において名前というのは本質を表している。だからイスラエル人がモーセに神の名を聞くというのは、彼らが「モーセ、あなたは本当に神さまを知っているのか。神さまがどのようなお方か本当に知っているのか。」と私に尋ねてくるだろうということです。その時に私はどう答えたらいいのかと言っているわけですね。表面上はイスラエル人にどう答えればいいのかという質問ですけれども本当は、今ここでお語りくださっている神さまはどういうお方なのかを一番知りたかったのはモーセ自身だったかも知れません。神さまのお答えはこうでした。

「わたしは『わたしはある』という者である。」（3・14）

ここはかなり誤解をされているところ。「わたしはある。」、それが神さまの名前となると「わたしは造り物の神ではなくて本当にいる神なんだ。」というただそれだけのことを言っているように受け取られがちです。それも仕方がないと思いますけれど、ここで神さまがご自分についてお語りになったのは「わたしはいない神じゃなくて本当にいるんだよ。」という、ただそれだけじゃないんです。もうちょっと原文に忠実に訳すとこうなります。「わたしは自分があろうとするものとしてある。」つまり、わたしは意志をもって行動する。自分がこうあろう、こういうことをしようという意志をもって行動し、実際にそういうものになる。ことを成し遂げる。ただあるかないかという話ではなくて、意志を持って働く神だということです。

神さまは意志を持って歴史を造り出すお方。意志を持ち、造りたいと願ってこの世界を造られたんです。この世界が罪の中に堕ちてしまった時にはアブラハム、イサク、ヤコブの人生、さらに彼らの子孫を通して世界を回復させるとおっしゃった。そのような意志を持って導いておられるお方です。世界の全ての民族が祝福されるために働いて来られた方で、今その神さまがご自分の意志でもって出エジプトという歴史を造り出そうとしておられます。「わたしは『わたしはある』という者、『わたしは自分があろうとしている者』としてある。イスラエルよ、今わたしがそうしたいから、そうせずにはおられないから、意志を持ってあなたがたを導き出し、この世界を回復する。」そのようにおっしゃいました。

もちろん、そこには色々な難問が待ち受けているんです。イスラエル人がモーセを信じるかという問題があります。エジプト人が当然、黙っていないだろうという問題もあります。でも神さまはそれらの一切を乗り越えて行かれます。なぜならご自分の意志を持って出エジプトを成し遂げると決意されたからです。だから、イスラエルに難問を乗り越えさせてくださいます。私たちが今日ここに集っているのも、神さまが意志を持って選んでくださったからです。意志を持って、そうしたいと思って、そうしないではいられなくて、私たち一人一人を選んで招いてくださった。

私の父のためにお祈りいただきありがとうございます。先々週に大腸がんのステージ4で、転移もかなりあることが発見されました。大腸が塞がっているところがあり食物が通らないので、先週の火曜日に塞がっているところの前と後ろを管で繋いで食物をバイパスして流す手術を受けることになりました。前日の月曜日に家内と訪ねました。その時、父がこう言うんですね。「最近よく思うことがあるんだ。」って。「自分にさえ及んだ、ということをよく思うんだ。」って言うんですね。「自分にさえ及んだ。」ってなかなか普通の話し言葉ではないというか常ならぬ言葉遣いのような気がして、一体どういうことかと耳をそばだて、居住まいを正して聞きました。

父は87歳ですが、その年配の男性というのはなかなか自分の内面的なことを語ることは少ないかと思うんです。ところがその日、父はおおいに語りました。50代で信仰に入ったけれども、これまでの歩みの中で自分の信仰を顧みると甚だ心もとないというか、まあ何とか繋がって来たなというような、そういう信仰生涯だった。自分は今ここではっきり余命宣告を受けたけれども、不思議なことに平安のうちにある。心に動揺を感じない。私は感謝しているって言うんですよ。

何を感謝しているのか。妻の信仰に反対しながらも渋々教会に行くようになったこの自分にさえ、イエス・キリストの救いが及んだことを感謝している、と言うんです。そして「あの聖書の箇所はどこだったかな。あなたがたが私を選んだのではなく私があなたがたを選んだっていうあれ、どこにあったかな。」と聞かれました。「それはお父さん、ヨハネの福音書の15章のとこだよ。」と言って、父が病室にも持ち込んでいた聖書を開きました。

「あなたがたがわたしを選んだのではなく、わたしがあなたがたを選び……。」

（ヨハネ15・16）

「わたし」というのはイエスさまのこと。みんな、自分でイエスさまを選んで「私もクリスチャンになろう。」と思って信仰に入ったと思っているかも知れないけれども、そうじゃない。あなたがそう思ったのは「わたし」が選んだからなんだ。今日あなたがここ、教会に来ているのは誘われたから行こうかなと思ったからかも知れないけれども、そうじゃない。「わたし」はあなたに語りたい、「わたし」があなたの神だと知らせたいと思ってあなたを選んだ。

父は、自分が何かをしたから救われたとか思っているわけじゃない。自分が立派な信仰者だから信仰を全うしてこれたとも思ってない。イエス・キリストの救いが、自分にさえ及んだ。この「さえ」というところに、私は父の信仰を見た気がします。信仰ってそうだな、まさにそうなんだなと思ってとても嬉しかったです。そしたら、父は聖書の表紙の裏に「ヨハネ15章16節」と書くんです。ああ、ひょっとしたらもう最後の弔いのことを考えてるのかも知れないなと感じました。父が自分の生涯のみ言葉と今考えているのはこの言葉なんだなって。

「あなたがたがわたしを選んだのではなく、わたしがあなたがたを選び……。」私は神さまに選ばれた、だから救われているんだ。どんなことがあっても神さまが私を選んだことを変えることはないから、私は永遠の命のなかにある。永遠に生きるんだ。先に召された孫娘にも会える。そんなことも思ったのでしょう。その時に私は、父は幸いだな、と思いました。神さまが自分を救ってくださった。そのことを知っている人は、とても幸いだと思います。

神さまは、私たちをご自分の意志をもって救ってくださった。そうしたいと思ったから、そうしないではおれないと思ったから、神さまは私たちを救ってくださった。神さまが私たちを救うためには色んな障害があったと思うんです。私たちの罪やいろんな頑なさとか、歪みもある。自分中心で「神さま」と言われても「罪」と言われても良くわからない。そういう私たちに、神さまは意志を持って語り続けてくださった。わかりかけたとしても、頑固で、頑なで、風変わりなところのある私たちはなかなか素直に受け入れない。けれども、神さまは忍耐をもって語り続けてくださった。それは、何が何でも私たちを救おうとする、そういう意志が神さまにおありだからです。何が何でも、どんなことをしてでも、イエスさまを十字架につけてでも、私たちを救わずにはいられなかった神さま。そのご愛がここにあると思います。

だから神さまは、あろうと意志するものとして、そこに存在することを願うものとしていてくださるお方。ご自分がなろうと願うものに必ずなられるお方。それは、父なる神さまだけじゃなくて、イエスさまもそうです。イエスさまもあろうとして、なろうとして、なってくださった。イエスさまがなろうとされたのは何なのか。十字架にかけられた救い主になりたいと願われた。イエスさまが願われたのは十字架だった。サタンがイエスさまを誘惑しました。「力でもって人びとを従わせよ。高いところ、神殿の頂から飛び降りてみろ。あるいは石ころをパンに変えてみろ。そうしたら皆がひれ伏してあなたを信じるだろう。」と。けれどもイエスさまは意志を持ってそれらを退けられた。「わたしがなりたいのはそんなものじゃない。わたしがなりたいものは、十字架の上で人びとの罪を背負って死ぬこと。赦しを与えること。よみがえって人びとに永遠の命を与えること。」イエスさまは、ご自分の意志を持ってそのようにしてくださいました。

出エジプトにおいて、神さまはイスラエルをエジプトでの奴隷の身分から解放してくださった。イエスさまは十字架によって私たちを罪と死の奴隷の身分から解放して、もう罪を犯すことがないようにしてくださった。罪を行っている者はみんな罪の奴隷。他の人々を、そして神さまを愛し抜くことができず、いざとなったらパっと自分を握りしめてハラスメントに走りかねない、そういう私たち。自分でもそうしたくないんだけれども、そうしてしまうなら、それは奴隷です。したくないのにさせられているのは奴隷。でも、そういう罪の奴隷を自由な愛に生きる神の子に解放すること。それがイエスさまの心からの願いであった。

モーセの使命はイスラエルを導いてエジプトを脱出することでした。それは、すべての人に与えられている使命のモーセ版、つまりモーセが具体的にすべきことだった。すべての人に与えられている使命とは、神と人とを愛すること、大切にすること。しかし私たちがそのように生きようとする時に、その使命を妨げるものが本当にたくさんあることを思います。私たちは罪深く、また愚かで弱い。だから互いの間に誤解や行き違いが簡単に生まれてしまう。愛から出た言葉であったとしても、言葉の使い方一つで誤解してしまう、されてしまうことがよくあります。そこに私たちの弱さが働いて「あの人は自分を愛してないんだ、自分は愛されてないんだ、誰も私を愛してくれないんだ。」と思い込む。そのように私たちの弱さや歪み、痛みが働いて、そういうところにどんどん入っていく。そして、それはまた怖れになって「もう誰とも話したくない、あの人とは絶対話したくない、会いたくもない。」という気持ちになってしまう。けれども、選んだのは神さまです。

「わたしはこの手を伸ばし……。」（3・20）

新改訳聖書で「わたし」とひらがなで書いてあるのは父なる神さまか、イエスさまのことです。「わたしはこの手を伸ばし」。つまり「あなたが立ち上がれないで『もう私はダメだ』と諦めてしまっているところに、わたしはわたし自身の手を伸ばし、あなたの使命を成し遂げさせる。」とおっしゃっている。

出エジプトの時、少なくとも二つの大きな困難があった。一つは、先ほども申し上げましたが、イスラエル人がモーセを信じないこと。しかし神さまはご自分がどのようなお方であるのか、何が何でもイスラエルを救い出さずにはおられないお方だということを、モーセの魂に焼き付けるように教えてくださった。もう一つの困難はファラオの頑なさでした。エジプト支配者の頑なさが、この先イスラエルを妨げ続けていく。でも神さまはこの手を伸ばすとおっしゃった。

「わたしはこの手を伸ばし、エジプトのただ中であらゆる不思議を行い、エジプトを打つ。その後で、彼はあなたがたを去らせる。」（3・20）

神さまは、エジプトのただ中でご自分の意志をもってあらゆる不思議を行いあなたがたを解き放つ、そのように決意してくださった。意志を持って決意して、その業を始めてくださいました。そしてエジプトに十のわざわいを下してファラオを動かしていかれます。

私たちがそれぞれの置かれている場所でそれぞれの使命に生きようとする時に、具体的な表れは色々であっても使命は共通。それは心を尽くして神と人とを愛すること。全身全霊をもって愛すること、大切にすること。それが私たちの使命ですけれども、神さまはその困難もよく知っておられる。19節に「よく知って」という言葉があります。

「しかし、エジプトの王は強いられなければあなたがたを行かせないことを、わたしはよく知っている。」(3・19)

私たちが置かれているその場所での困難を、神さまはよく知っていてくださいます。本当に知っておられます。私たちよりもよく知っておられます。その困難の本質を、神さまはよく知っておられます。それは神さまでなければ乗り越えることができないこともよく知っておられます。だから、わたしはこの手を伸ばす。この手を伸ばして、今行けとおっしゃいます。

「今、行け。わたしは、あなたをファラオのもとに遣わす。わたしの民、イスラエルの子らをエジプトから導き出せ。」（3・10）

「今、行け。」とおっしゃいます。私たちをこの礼拝から派遣してくださいます。あなたの遣わされている場所に、あなたの置かれている場所に、「今、行け。」わたしがそのところで解き放つ。あなたを愛の業へと解き放つ。あなたの周りの人々をわたしの愛へと解き放つ。でも神さまは「今、行け。」と言って、ご自分は後に残るお方ではありません。

「神は仰せられた。『わたしが、あなたとともにいる。これが、あなたのためのしるしである。』」（3・12）

私たちを遣わす神さまは、私たちとともにいてくださる神さまであることを忘れないでください。

栄光への脱出

聖書　出エジプト記12章21～24節

21 それから、モーセはイスラエルの長老たちをみな呼び、
彼らに言った。「さあ、羊をあなたがたの家族ごとに用意し
なさい。そして過越のいけにえを屠りなさい。22 ヒソプの
束を一つ取って、鉢の中の血に浸し、その鉢の中の血を鴨居と二本の門柱に塗り付けなさ
い。あなたがたは、朝までだれ一人、自分の家の戸口から出てはならない。23 **主**はエジプ
トを打つために行き巡られる。しかし、鴨居と二本の門柱にある血を見たら、**主**はその戸
口を過ぎ越して、滅ぼす者があなたがたの家に入って打つことのないようにされる。24 あな
たがたはこのことを、あなたとあなたの子孫のための掟として永遠に守りなさい。

10月第一主日の聖餐礼拝にようこそいらっしゃいました。「解き放たれるために」と題してみ言葉を取り次ぎます。ごいっしょに創世記から読み進めてきた聖書も出エジプト記に差しかかっています。

イスラエルはエジプトで奴隷となって苦しんでいました。そこで嘆き、叫ぶ。その嘆きを神さまが聞いてみ心を留められた。彼らにみ心を留めてモーセを遣わしてくださいました。ところが、エジプトの支配者であるファラオは心を頑なにして、イスラエルを出て行かせようとはしません。そこで神さまが十の災いをエジプトに下しました。最後の暗闇の災いは人間であっても家畜であってもエジプト中の初子、初めて生まれた男の子、つまり跡継ぎが皆打たれて殺されてしまうという災い。けれども、そこに至るまでには九つの災いがあった。イスラエルが出て行くまでに実に多くの出来事、多くの時間が費やされています。とても手間がかかっています。

神さまがどうしてこれほど手間と時間をかけられるのかなって私たちには不思議に思えます。初子を打つという一番厳しい災いを最初から下していればイスラエルの問題、苦しみはもっと早く解決したんじゃないかな、とか。あるいはファラオそのものを神さまが打って殺してしまえばもっと早く解決したんじゃないかなとか、そういうふうに思わないこともありません。けれども神さまがみ心を留めておられるのはイスラエルだけではない。ファラオにも、エジプト人にも、やはり心を留めておられます。

「エジプトは、わたしが主であることを知る。」（7・5）

つまり神さまは「エジプトもまた、わたしが神であることを知るようになる。」とおっしゃっています。神さまはエジプト人もイスラエル人も、すべての人が神さまを知り、神さまの愛を知り、その愛の中に生きることを願っておられました。だから一番厳しい十番目の災いの前に壊滅的ではない九つの災いを置いてくださり「わたしが神である、わたしに心を開きなさい。」と語り続けてくださいました。実際、ファラオは第七番目の雹《ひょう》の災いの時に、

「今度は私が間違っていた。主が正しく、私と私の民が悪かった。」（9・27）

と言っているわけです。自分たちが間違っていた、罪を犯したことを告白しているのです。あるいは、九番目の暗闇の災いの時にもモーセに、

「どうか今、もう一度だけ私の罪を見逃してくれ。」（10・17）

と言っている。モーセを遣わされた神さまに対して「私の罪を赦してください。」と言っているのです。ですから神さまがこのように時間をかけてファラオとエジプト人に語りかけたことは無駄ではなかった。残念ながらファラオはまた心を頑なにして、結局は神さまに心を開かなかったわけですけれども。しかし神さまはこのようにファラオにも、どんな人にもずっと語りかけておられる、そういうお方だということ覚えておきたいと思うんです。

私たちにも神さまのみ心は留められています。忍耐の時間が長く続く時に「どうしてこのことが解決されないんだろう。」、「もう神さまに愛されてないのではないか。私はあまり愛されていないのではないか。」と、そんなふうに考えることがないようにと思います。私たちの忍耐を遥かに勝る忍耐をもって、神さまが働きかけてくださっている。私たちの今の困難から素晴らしいものを生み出すために、神さまは今も労してくださっていることを覚えたいと思います。

先週は教団の二泊三日の牧師研修会で神戸に参りました。これは教団の牧師たちが年に一度、皆集まるので百人以上になります。今年は韓国の大きな教会の牧師が霊的リーダーシップについて三回語りました。これについてはまたいずれお分かちしたいと思うんですけれども、牧師研修会の楽しみの一つはそれ以外に四回、仲間の牧師の説教を聞けることです。開会礼拝、閉会礼拝と二回の早天祈祷会です。

そのうちの一人が使徒の働き22章を開いてくださいました。これは、イエスさまがパウロに「わたしがあなたを遣わす。」とおっしゃったところ。パウロは「はい」と言えなかったんですね。その代わり次のように答えました。

「そこで私は答えました。『主よ。この私が会堂ごとに、あなたを信じる者たちを牢に入れたり、むちで打ったりしていたのを、彼らは知っています。また、あなたの証人ステパノの血が流されたとき、私自身もその場にいて、それに賛成し、彼を殺した者たちの上着の番をしていたのです。』」（使徒22・19〜20）

こんな私があなたの御名を宣べ伝えるために遣わされていくことはできない。彼はそう言ったんです。しかし、21節でイエスさまはこうおっしゃいます。

「すると主は私に、『行きなさい。わたしはあなたを遠く異邦人に遣わす』と言われました。」
(使徒22・21)

「すると」というのが面白いですね。本来なら「私はダメだ、行けない」と言ったんだけれども、主は行きなさいとおっしゃったのです。イエスさまにとってはそれは「けれども」ではなかった。「あなたは確かに不完全で、未完成で、言うならば工事中のようなものかもしれない。けれども、わたしがあなたを遣わす。あなたは自分では全く相応しくないと思っているかもしれないけれども、あなたは神の子とされている。だからわたしはあなたを遣わす」と、そうおっしゃってくださいます。

語ってくださった牧師は「私たちはひょっとして家族や良く知ってる人の前で『自分はクリスチャンらしくしていなければならない』と思って生きることがないでしょうか。その結果はどうですか。」と語られたんです。「『クリスチャンらしい』って多分こういうことじゃないかと思って、そうすればするほどボロが出るんじゃないでしょうか。」と語られました。家族の前で、口だけクリスチャンらしいことを言っても受け入れてもらえないことって良くあるんじゃないだろうか、ということです。何が問題なのか。それは「クリスチャンらしさ」という、何かそういうモヤモヤしたものを頭の中で考え出しているところに問題があるわけです。

バプテスマ、つまり洗礼を受けた私たちは神の子とされています。御霊によって愛する力が注がれています。神のかたちに造られた私たちは、そのかたちが損なわれてしまったんだけれども、新しいいのちによって、イエスさまを信じたことによって神のかたち、愛のかたちの回復が始まっているのです。だから、ことさらに「クリスチャンらしい」言葉遣いや表情、そんなことは全然必要ない。そうじゃなくて私が誰なのかを自然に語り、私自身が私自身であるように自然に愛することができればそれで良いのではないか、と語られたんです。

それを聴きながら私はふと思ったんです。もし私たちが「あなたは誰ですか。」と聞かれた時、それも名前じゃなくて「あなたはどういう存在であるのか。」という本質を聞かれた時、何と答えるかなと。ひょっとしたらパウロみたいに「私は過去にこれこれの罪を犯した者です。」と答えるかもしれない。あるいは「私はまだあまりクリスチャンらしくないんですけれども、そうなりたいと思ってる者です。」と、そういう風に答えてしまうかもしれない。でもそれは「過去のあなた」や「未来のあなた」であり「現在のあなた」ではない。過去のことが聞きたいんじゃない、将来のことが聞きたいんじゃない、「今のあなたは誰なのか。」と聞かれた時「はい、私は神の子です、罪を赦されて神の子とされた者です。」と、そう答えることができたら幸いだと思います。

もちろんパウロのように、自分の罪がよみがえって苦しむことがあります。けれどもイエスさまはそのために十字架にかかってくださったわけですから、その罪を十字架に持って行ったらいい。「今は自分はこうだけれど、将来こういうふうに、あるいはああいうふうになれたら……」と思う必要もない。もう神の子なのだから今より後、一切のことは神さまの御手に委ねたらそれでいいんです。だからイエスさまは「行きなさい。」と言われた。パウロに「私が遣わす。」と言われた。「あなたは神の子である。だから行ったらいい。私の恵みはもうすでにあなたに対して十分だ。」と、そうおっしゃいました。

私たちは誰でしょうか。私たちの本質はどういう者でしょうか。イエスさまによって神の子とされたものです。その私たちが自分らしく、本当に自分らしく生きる時、そこに愛が実現します。私たちも神さまの愛を注ぎ出していくことができます。私たちはとかく自分を責めがちですけれども、神さまは目を細めるように、喜びをもって私たちを見てくださっています。そんな神さまの愛の中で、優しい眼差しの中で、悔い改めることができるのを覚えておくべきだと思います。未完成な私たちです。工事中と言えるような私たちかもしれない。でもそんな私たちを神さまは、本当に微笑みをもって見ていてくださっています。そしてその微笑みの中で私たちは成長していく。そのことを覚えておいていただきたいと思うんです。

さて十の災いの最後は、人間も家畜も全ての初子が打たれて殺されるという災い。でも神さまは、それから逃れる方法を備えてくださった。それは「子羊を屠《ほふ》る」。屠るというのは殺すということ。その血を門の右左二本の柱と、その上に乗っている鴨居に塗ります。そうしたら初子が打たれる災いから免れることができます。その血を見て神さまの怒りが過ぎ越す、通り過ごします。そこから「過ぎ越しの子羊」とか「過ぎ越しの祭り」という言葉が生まれているのです。

エジプトの人たちは悪人で罰を受けたけれどもイスラエルの人たちは善人で罰を受けなかった、ということではないのです。全ての人は罪人なんです。私たちは「どこそこの国や○○教は悪人で我々は善人だ」とか、そのように単純に物事を考えやすい。でもいろいろな問題が起こるのは、罪が絡まった複雑な歴史があるからです。神を知らなかったり神にゆだねることができなかったりするので、これまで受けた仕打ちを根に持って、自分でつじつまを合わせようと仕返しをしたりする。そういうこんがらがった世界の歴史があるのです。

愛すること。赦すこと。覆うこと。愛することができない人々を省みること。祈ること。そういうことを私たちは貫くことができない。愛を貫くことができない。そういう私たちはやっぱり全て罪人なんですね。けれども神さまは罪人に、悪人に心を留めてくださいます。イスラエル人ばかりではなくエジプト人にも、また全ての人に心を留めてくださる神さまは、滅びても仕方のない全ての人が滅びるのを見ていることができないで、本当に滅びてしまうことがないように自ら救いの手段を備えてくださった。過ぎ越しの子羊という救いの手段を備えてくださいました。神さまは、「わたしは『わたしはある』という者である。」(3・14)。先週語ったように、これは「わたしは、わたしがなろうとしているものになる者である」という意味。神さまは、意思を持ってご自分の歴史を造っていく。神さまは救おうと決心された。互いに殺し合っているような救うに値しない罪人を救おうと決心された。あわれみによって過ぎ越しの子羊を備えてくださいました。

ですから、このことを聞いたエジプト人が「私も神さまのあわれみの手段にすがろう。」と同じように子羊を屠ってその血を門に塗ったならば救われただろうと思います。あるいはイスラエル人であっても「私はそんなことは信じない。」と言って血を塗らなかったために初子を失った、そのような家族もあっただろうと思うんです。もちろん子羊の血に人を救う力はない。これはやがて流される御子イエスの十字架の血を表しているもの。神さまは、イスラエルを通して全世界を救うというご計画を、イエスさまによって実現してくださった。だから、イエスさまの恵みは、さかのぼるようにしてここに現れています。こうしてイスラエルがエジプトから脱出することによって彼らの子孫の一人としてイエスさまがお生まれくださり、世界の救いとなってくださいました。

イエスさまの十字架をお話しましたけれども、十字架には本当に豊かな恵みがあります。もし十字架について語ろうとするならば、少なくとも四回ぐらいの説教が必要じゃないかと思うんです。第一は皆さんよくご存じの罪の赦し。私の罪の赦し。でもそれだけじゃないんです。第二に、イエスさまの十字架によって至聖所と聖所を隔てていた幕が真っ二つに裂けた。つまり神さまと私たちとの間に交わりが回復し、和解することができた。第三に、私たちの中で損ねられてしまっている神のかたちが回復されていく。そして第四に、私たちの解放。罪の奴隷、悪の力の奴隷から解き放たれるということが起こっています。

イスラエルはエジプトの支配から解き放たれた。奴隷から解き放たれて自由になったんです。でも、この時奴隷だったのはイスラエルだけじゃないですよね。ファラオはどうでしょうか。ファラオもまた「恐れの奴隷」であったと言うことができると思います。イスラエル人はエジプト人よりも人数が多かったとのことですから、王国の中で多くの経済活動や色んな役割を担っていました。それがごっそりいなくなって労働者がすっかりいなくなってしまったら、エジプトは経済的に大きな打撃を受けるわけです。国力が弱体化して他国から侵略を受けるかもしれない。ファラオはそういう恐れの中にあった。だから何度か「ああ、モーセを遣わした神さまが本当の神さまなんだな。」と思ったけれども、恐れの奴隷となっているために一歩を踏み出すことができなかった。

私たちも様々な不安を感じることがあると思うんです。将来の暮らしが成り立つのだろうか、年金は足りるだろうか、あるいは健康はどうだろうか。もちろん自分の生活や健康を、ちゃんと責任を持って管理することは必要なんだけれども、でも不安を払しょくできるほど十分に備えることはできるだろうか。「いや、でもこういうケースはどうだろうか。こんな想定外のことが起こったらどうなるだろうか。私の代はいいけど、子どもや孫の代になったらどうなるかな。」とか、不安になれば際限がないですね。どんな富や健康も、それ自体は私たちに本当の平安を与えることはできない。むしろ「それらを失ったらどうなるだろうか。」と思うと、かえって不安の奴隷にされてしまう。

そういう弱みに悪の力、サタンがつけこんできます。「神さまって言っても、現実の問題はこうじゃないか。」って。私たちには今置かれている場所で、今日するべきことがあるんです。それなのに、私が今日ここでなすべきことから目を離して、明日のことが不安で悩んだり、そわそわしたり、考えたり、走り回ったりする。そうすると周りにいる人の話を聞いて、そのために祈って助けるということができなくなってしまう。

私たち、神の子の父は神さまですから、神の子はそんなことに悩む必要はない。ドンと構えて、神さまが今日私に与えてくださっている使命をきちんと果たしていく。私たちの心を今の生活から逸らして上《うわ》の空《そら》にさせる力には本当に強いものがあります。しかし、イエスさまの十字架にはもっと力があります。イエスさまの十字架は私たちの目を、それほどに愛してくださる父と子と聖霊の神に向けさせます。十字架を見ると、神さまの愛が本気の愛なんだということが良くわかります。本気の愛というのは何も惜しまない。あなたのためなら、あなたが失われないためならどんなことでもする。イエスさまはボロボロになって十字架にかかられた。「どこまでも、わたしはあなたを愛する」とおっしゃった。私たちは、十字架で本気の愛に触れることができます。その時、私たちも本気で自分を委ねていくことができます。私たちが神さまと真正面からきちんと向き合っていこうとするならば、何かギャンブルみたいですけれども、やはりどこかで神さまに賭けると言うんでしょうか、神さまの恵みに賭けることが必要だろうなと思うんです。

ファラオは結局、イスラエルを行かせることができないで不安と恐れの中に留まったわけです。「モーセの言葉を受け入れた方がいいんじゃないか」と思いながらもそうできなかった。私たちも、本気の愛に触れる時に「神さまは本当におられるのか。」とか「イエスさまは本当に十字架に架けられたのか。」とか「それが私のためなのか。」とかいろいろと思う。それらを100パーセント頭で理解することはできないと思うんです。でも私たちは神のかたちに造られているから、本気の愛というのがどういうもので、神さまの愛が本気の愛だということには気が付くのです。だから、やはりこの恵みの神に賭けて、恵みの神が与えてくださる人生に向かって一歩踏み出すという決断をまだ一度もしたことがない方がおられたら、それはどうしても必要なことだろうと思うんです。今、決断なさったらいい。神さまの恵みに賭けて踏み出したらいい。それは決して目をつぶって、勢いをつけて飛び出すというようなことじゃない。神さまは毎週聴かせてくださるみ言葉の中で私たちに働きかけてくださっている、静かに背中を押してくださっている。だから、その神さまの温もりの中で静かに自分を委ねていく、納得していく、そういう決断だと思います。

さて、過ぎ越しの子羊が屠られた夜、イスラエルの人たちは急いで旅立ちます。エジプトの初子が皆打たれた時、

「エジプト人は民をせき立てて、その地から出て行くように迫った。人々が『われわれはみな死んでしまう』と言ったからである。それで民は、パン種を入れないままの生地を取り、

こね鉢を衣服に包んで肩に担いだ。」（12・33～34）

民というのはイスラエルの民ですけれども、彼らは強制的にその国から追い出されました。それまでイスラエルの人たちはパンを作る時、こねた小麦の粉にパン種という発酵するイースト菌を入れて一晩寝かし、翌朝焼いて食べていたと思われます。ところが、この時はエジプト中の初子が打たれて急き立てられるようにして出発したので、まだパンを作っている最中だった。だからパンをこね鉢の中でこねているけれども、まだパン種を入れてない状況だった。作りかけのパンをこね鉢ごと担いで旅に出た。ということは彼らが次の日、旅で最初に食べたのはパン種が入ってないパンであった。これがどういう味かと言うと、毎年イースターの前の洗足木曜日に私がカリカリの、全然ふわふわじゃないおせんべいみたいなのを焼いて出しますけれども、あれなんです。全然味がしない、美味しくない、そういうパンを食べたに違いない。後にパウロは、第1コリントの中で出エジプト記に思いを巡らしながら書いています。

「新しいこねた粉のままでいられるように、古いパン種をすっかり取り除きなさい。あなたがたは種なしパンなのですから。私たちの過越の子羊キリストは、すでに屠られたのです。」

（Ⅰコリント5・7）

ここでパウロがパン種と呼んでいるのは罪のことです。この頃、コリントの教会には大変由々しき問題があった。それは教会の中に不品行、つまり婚外で性的な関係を持つ者があって、それにもかかわらず教会員は自分たちを誇りにしていた。それに対してパウロは「あなたがたのために過ぎ越しの子羊キリストはすでに屠られたではないか、あなたがたはパン種のない者ではないか」と言うのです。出エジプトの夜、イスラエルのパンにはパン種が入っていませんでした。いつもと違うパンを食べたんです。それと同じように、あなたがたはもはやイエス・キリストを知らないこれまでのような存在ではない。神のかたちを回復されつつある、そういう神の子ではないか。だからパン種を除きなさい。そういう罪を犯すなということ。

不品行の罪というのはそれに関わる全ての人びとを痛みの中へと陥れていく。そして神さまとの交わりを断ち、また自分もその中で苦しむことになります。そういう罪から離れるべきだ、そして離れることができるはずだ。なぜなら過越しの子羊であるキリストが、もうすでに屠られたからだ。罪から離れて愛に生きる生き方があなた方の中に始まっている。だからパウロは「あなたがたはキリストの愛を注がれて、もう愛する生活に入れられていることを忘れるなと言ったんですね。

神の子とされた私たちにとって自然な生き方というのは、いわゆる絵に描いたようなクリスチャンらしい生き方ではない。そうじゃなくて、自分らしい生き方。神の子として、自分らしく生きる生き方です。それは愛の生き方。愛を妨げるものがあるならば、取り除いたらいい。罪があるなら、過去の罪の記憶が私たちを引きずっているなら、愛の生き方を妨げているなら、悔い改めて赦していただいたらいい。また、私たちが恐れや不安の奴隷になっているなら、私たちはもう神の子なんだから主に委ねたらいい。私たちの過越しの子羊キリストがすでに屠られたから。もう屠られた。もう終わってしまって「完了した」と、イエスさまはおっしゃった。

先週は八幡福音教会の創立57周年に私が招かれたので、ここ明野キリスト教会では船田献一先生が御言葉を取り次いでくださいました。みなさん大変恵まれたと聞いて嬉しく思いました。「私たちは天の御国を目指してるんだ、その望みを抱きなさい、想いなさい」という素晴らしいメッセージだったと聞いています。私もまた八幡福音教会で同じようなことを申し上げた。「私たちのゴールは何か。ゴールをはっきりと知っておいてください」ということを申し上げたんです。私たちのゴールというのは何か。私たちはよく「死んだら天国に行く」と言うんだけれども、死んで天国に行ってそこでおしまいじゃないですよね。死後のいのちという言葉がありますけど、聖書によるならば、死んだら私たちが天国に行って永遠に生きるというより、再臨のイエスさまが来てくださってみんな復活する。その時には災害もなければ動物同士が食い合うこともない。人間同士も傷つけ合うことがない。涙もない。死も叫びもない。それは私たちが死んだらすぐにそういう世界に行くわけじゃなくて、死後のいのちのその後にイエスさまが来てくださって世界を回復してくださる。

私たちのゴールは死んで天国に行くことじゃないんです。死後のいのちの、その後のいのちなんです。再臨の時、復活の時に私たちは皆全く回復される、そこが私たちのゴールなんだ。その世界の回復という神さまの大きな事業の中に、私たちは今、共に働くように加えられている。死んで天国に行くことが私たちのゴールだったら、救われた人たちは「もう、いつ天国に行ってもいいです」と待つだけということになる。でも、もしゴールが世界の回復であるならば、そして神さまが今もそのことのために働いておられるならば、私たちが生きている間にすることは天国を待つことだけではないのです。

牧師研修会で語られた先生がサグラダ・ファミリア教会の話をしてくださったんです。サグラダ・ファミリア教会はガウディという建築家が造り始めて、もう百三十年造り続けているけれどまだ完成してない。今も二百人以上の彫刻家や建築家が働いています。実はその中に日本人の彫刻家もいるんだそうです。もう40年ぐらいサグラダ・ファミリア教会で働いている人です。私はテレビでその方の本当に繊細な天使の彫刻の写真を見たことがあります。長い時間をかけて刻んでいく。そういう人たちがたくさん作業しているのです。でも彼らは自分が今造っている所は良く知っているけれども、全体のサグラダ・ファミリア教会の完成図がどうなっているかは知らないわけです。実際、今もいろいろと考えながら造っているみたいです。全体像は誰も知らないという話もあるくらいの大事業。全体が見えない。私はそんな話を聞きながら、ふと、私たちに与えられている使命はまるで工事中のサグラダ・ファミリア教会のようだ、と思ったんです。

私たちは、それぞれ置かれた場所で使命を与えられています。病気の家族の介護をして、もうヘトヘトでそれ以上は何もできませんという方もいるでしょう。あるいはヘルパーさんに助けてもらっているのでヘルパーさんのために祈って愛そうという方もあると思うんです。そういう私たちの「毎日きちんと生きよう、きちんと愛そう」としていることが、世界の回復の時にどこにはまっていくのか。サグラダ・ファミリア教会のために小さな彫刻を頼まれた人がその隣に何が置かれるか知らないように、私たちは分かってない。だけど神さまは、私たちがそれぞれ置かれている場所できちんと愛することをけっして無駄にはなさらない。主にあって何一つ無駄になるようなことはない。ひょっとしたら私たちが「これは小さなことだから、トイレの片隅のあのタイルの一枚ぐらいにしかならないかな」と思っていても、そうじゃないかもしれない。神さまはそれを太い心柱としてお用いになるかもしれない。み心のままに、小さなことであっても豊かに用いてくださる。私たちがこの地上の生涯において主のみ名によって愛すること、祈ることが、やがて回復される世界の大切な一部分になっていく。

今日も人目につかないところで、誰にも褒められなくても、いつまでこれは続くんだろうと思いながらも、きちんと愛して仕えていく。そのゴールは死後のいのちの、後のいのち。私たちのゴールは、再臨と世界の回復にあることを知るべきであります。そのために屠られた過越しの子羊キリストを覚えたいと思います。イエスさまが復活してくださって新しいいのちを得てくださり、また与えてくださる。このいのちに生きるために聖餐に与りたいと思います。

ともに重荷をになうために

聖書　出エジプト記18章12～27節

[12] モーセのしゅうとイテロは、神への全焼のささげ物といけ
にえを携えて来たので、アロンとイスラエルのすべての長老たちは、モーセのしゅうととも
に神の前で食事をしようとやって来た。[13] 翌日、モーセは民をさばくために座に着いた。民は
朝から夕方までモーセの周りに立っていた。[14] モーセのしゅうとは、モーセが民のためにして
いるすべてのことを見て、こう言った。「あなたが民にしていることは、いったい何ですか。
なぜ、あなた一人だけがさばきの座に着き、民はみな朝から夕方まであなたの周りに立ってい
るのですか。」[15] モーセはしゅうとに答えた。「民は神のみこころを求めて、私のところに来る
のです。[16] 彼らは、何か事があると、私のところに来ます。私は双方の間をさばいて、神の掟
とおしえを知らせるのです。」[17] すると、モーセのしゅうとは言った。「あなたがしていること

は良くありません。18 あなたも、あなたとともにいるこの民も、きっと疲れ果ててしまいます。
このことは、あなたにとって荷が重すぎるからです。あなたはそれを一人ではできません。19
さあ、私の言うことを聞きなさい。あなたに助言しましょう。どうか神があなたとともにいて
くださるように。あなたは神の前で民の代わりとなり、様々な事件をあなたが神のところに
持って行くようにしなさい。20 あなたは掟とおしえをもって彼らに警告し、彼らの歩むべき道
と、なすべきわざを知らせなさい。21 あなたはまた、民全体の中から、神を恐れる、力のある
人たち、不正の利を憎む誠実な人たちを見つけ、千人の長、百人の長、五十人の長、十人の長
として民の上に立てなさい。22 いつもは彼らが民をさばくのです。大きな事件のときは、すべ
てあなたのところに持って来させ、小さな事件はみな、彼らにさばかせて、あなたの重荷を軽
くしなさい。こうして彼らはあなたとともに重荷を負うのです。23 もし、あなたがこのことを
行い、神があなたにそのように命じるなら、あなたも立ち続けることができ、この民もみな、平
安のうちに自分のところに帰ることができるでしょう。」24 モーセはしゅうとの言うことを聞
き入れ、すべて彼が言ったとおりにした。25 モーセはイスラエル全体の中から力のある人たち
を選び、千人の長、百人の長、五十人の長、十人の長として、民の上にかしらとして任じた。26
いつもは彼らが民をさばき、難しい事件はモーセのところに持って来たが、小さな事件はみな
彼ら自身でさばいた。27 それからモーセはしゅうとを送り出した。しゅうとは自分の国へ帰っ

て行った。

10月第二主日の礼拝にようこそいらっしゃいました。読み進めて参りました聖書も、創世記から出エジプト記へと入って、前回は過越しの夜の話でした。もうすこし物語を読み進めると海が二つに分かれるという山場があります。その後も荒野でマナが与えられる、民がメリバで水を求めるなど、いろいろ大変な出来事が続きます。けれども、こうして創世記から聖書全体を紐解いているのは一つの大きな目的があるからです。神さまが目指しておられるゴールに向かって特に大切なことを見ていきたいのです。楽しみにしていた方がおられたら申し訳ないのですが、海を二つに分けたところは飛ばして今日は18章。モーセとイテロの会話、そしてその後の出来事を見ていきたいと思います。

イテロはモーセの妻チッポラのお父さん。モーセは出エジプトの時に、どうやら妻のチッポラと二人の息子をしゅうとイテロの所へ預けていたようです。出エジプトという大変な時に一緒にいることはできない、ということだったのでしょう。出エジプトが成功して荒野での旅が始まった時、イテロはモーセの妻と息子を連れてやって来た。その時モーセはしゅうとに語ります。

「モーセはしゅうとに、**主**がイスラエルのために、ファラオとエジプトになさったすべてのこと、道中で自分たちに降りかかったすべての困難、そして**主**が彼らを救い出された次第を語った。」（18・8）

神さまは身を屈めるようにして私たちの叫びに耳を傾け、私たちを憐れみ、自ら行動を起こしてくださった。そういう生きた神さまなんだということを話しました。すると、イテロは喜びました。

「イテロは、**主**がイスラエルのためにしてくださったすべての良いこと、とりわけ、エジプト人の手から救い出してくださったことを喜んだ。」（18・9）

喜んだだけではなく、信仰者の告白とも思えることを言っています。

「イテロは言った。『**主**がほめたたえられますように。主はあなたがたをエジプト人の手とファラオの手から救い出し、この民をエジプトの支配から救い出されました。今、私は、主があらゆる神々にまさって偉大であることを知りました。彼らがこの民に対して不遜にふるまったことの結末によって。』」（18・10〜11）

イテロはミデアンの祭司ということで、もともと異教の祭司であったと思われます。だからといってモーセの神を否定していたわけでもなく、中途半端に「どちらもまあ神さまなのかな。」と思っていたようです。ところがこの時、彼はまことの神を知る。「この神こそがまことの神だ。」と彼は知った。そして信仰を告白しました。この直後、イテロはモーセがイスラエルのすべての事件をさばいているのを見て助言をします。百万人を超える民の事件をすべて、モーセ一人がさばいている。皆は長蛇の列をつくっているし、モーセも疲れ果ててしまう。そこでイテロは提案しました。

「あなたはまた、民全体の中から、神を恐れる、力のある人たち、不正の利を憎む誠実な人たちを見つけ、千人の長、百人の長、五十人の長、十人の長として民の上に立てなさい。いつもは彼らが民をさばくのです。大きな事件のときは、すべてあなたのところに持って来させ、小さな事件はみな、彼らにさばかせて、あなたの重荷を軽くしなさい。こうして彼らはあなたとともに重荷を負うのです。」(18・21〜22)

これはただ、知恵のある仕組みで分業しよう、合理的な解決をしようと提案するだけではなかった。不思議なことですけれども、イテロは先ほど信仰を告白したばかりの人なのに、神の民の生き方について本質的なことを鋭く見抜いている、そう思われるのです。イテロの助言の中心は分業ではなく、その前にあります。

「さあ、私の言うことを聞きなさい。あなたに助言しましょう。どうか神があなたとともにいてくださるように。あなたは神の前で民の代わりとなり、様々な事件をあなたが神のところに持って行くようにしなさい。あなたは掟とおしえをもって彼らに警告し、彼らの歩むべき道と、なすべきわざを知らせなさい。」(18・19〜20)

「モーセ、あなたの第一の使命は皆の事件を取り上げて一つ一つをさばくことじゃない。あなたの使命は彼らにおきてと教えを与えることなんだ。神のみ言葉を受け取り、それを民に知らせることなんだ。」と。実際に19章以降では、モーセは十戒に代表される「律法」と呼ばれる教え、み言葉を教えることに専念していきます。モーセがまず何よりもなすべきことは神のみ言葉、具体的には律法を語ることでした。

律法とは何か。これはいつも申し上げることですが「神さまとともに歩く歩き方」です。こうしないと罰せられる、そんなことをしたら裁かれる、というものではない。それ以前に神さまは「わたしとともに歩こう。」とおっしゃっている。「そのためにわたしと同じ思い、同じ心を持ってほしい。」と。律法には「わたしの心はこうだ」と示されています。モーセが語る教えとおきて、み言葉によってイスラエルが神さまの心を知ることができるなら、多くの事件は未然に防がれる。人々は互いに争い、奪い合うのは神さまの心がわからないから。そしてもし何か事件が起こった時にさばくことができるのは律法の心を知っている人々、神さまのお心を知る人々です。

ですから19節「あなたは神の前で民の代わりとなり、様々な事件をあなたが神のところに持って行くようにしなさい。」というのは、モーセが全ての事件をさばくのとは正反対です。「み言葉に事件をさばかせなさい。」そのようにイテロは言っているわけです。本当に不思議なことですが、信仰を告白したばかりのイテロが、イスラエルが神のみ言葉によって生きる民なのだからモーセはそのための備えをすべきだと勧めたのでした。後に初代教会でもこれに対応する出来事が起こっています。

「そのころ、弟子の数が増えるにつれて、ギリシア語を使うユダヤ人たちから、ヘブル語を使うユダヤ人たちに対して苦情が出た。彼らのうちのやもめたちが、毎日の配給においてなおざりにされていたからである。」（使徒の働き6・1）

事件が起こって、イエスさまの弟子たちに訴えが届いたのです。その時、弟子たちは2～4節。

「そこで、十二人は弟子たち全員を呼び集めてこう言った。『私たちが神のことばを後回しにして、食卓のことに仕えるのは良くありません。そこで、兄弟たち。あなたがたの中から、御霊と知恵に満ちた、評判の良い人たちを七人選びなさい。その人たちにこの務めを任せることにして、私たちは祈りと、みことばの奉仕に専念します。』」

（使徒の働き6・2～4）

ここで、後に執事などと呼ばれる役割が設けられました。使徒たちは自分たちの第一の使命が何なのか、教会という神の民を治めるものが何であるか、ということをはっきりさせたわけです。それはみ言葉。単に仕事を分けた、分業したということじゃないんです。そうじゃなくて、神の民はみ言葉によって建て上げられていく。まず神のみ言葉が語られ、聞かれるところに教会がある。このことがここで鮮やかに確認されていると思います。

私たちも神のみ言葉によって生かされる民であることをもう一度確認したいと思います。み言葉には力があります。今日は神学校デーということで、先ほど関西聖書神学校の篠原神学生に証《あか》しをしていただきました。篠原神学生の人生の所々でみ言葉が働いた。一人の人にみ言葉が働いて、ぐいぐいと力強く心を刺すように、入り込むようにして働いた。み言葉には力がある。み言葉の持っている力は、まじないを唱えると何か良くわからないけど何かが起こるような、そういう力ではない。神さまは、み言葉を通して私たちの人格を動かす。私たちの心を動かす。人格的に語りかけて私たちを成長させてくださる、そういうお方です。み言葉の力というのはそういう力です。

水曜日の聖書の学びと祈り会では、マルコの福音書を5章まで読んできました。礼拝説教だと、分かっても、分からなくても一方通行になってしまいます。しかし水曜日は気づいたことを互いに語り合う。途中で自分の疑問をぶつけたり、他の人の理解を聞いたりして深めることができます。先週は長血《ながち》の病《やまい》で悩んだ女性のところを読みました。あの女性はイエスさまに後ろから触ったんです。それで癒《いや》された。だけど不思議なことに、イエスさまはそれで終わりになさらなかった。何故だろうかということを語り合いました。「誰か知らないけれども治って良かったね。」というんじゃなかったんです。主イエスは「私に触れたのは誰か」と言ってその人を特定し、その人に向かって語りかけ、その人の言葉を聞きたいと願われた。つまり人格的な交わりを持ちたいと願われたんです。ここに私たちの神さまのユニークさ、「なるほどこれが私たちの神さまだ。」というところがあると思います。神さまが求めておられるのはただ私たちの問題を解決することではなくて、それを通して人格的に愛し合う関係を持つこと。救いとは何か。救いとは、生きておられる神さまとの生きた人格的な関係に入り、そのような交わりを持つこと。それは今だけじゃない。いったん始まった神さまとの人格的な交わりは永遠へと続いていく。そのために、神さまは私たちに語りかけてくださいます。

では神さまの声をどうやって聞くことができるでしょうか。

聖書を開いたらいい。聖書はただの書かれた言葉ではなく、一言一言《ひとことひとこと》が人格的な交わりを求める神さまの愛の言葉です。ですから祈りをもって読み、聞き取る時に、神さまがご自分を知らせてくださる。私たちとの交わりを持ってくださいます。神さまは多くの言葉をもって語りかけてくださる。祈りの度に語りかけてくださる。神さまは無口じゃない、むしろ多弁なお方だと思います。

それに比べて私たちは無口だと思わされます。自分の思いを語らず、神さまへの祈りの言葉も途切れ途切れで、祈れない時も多くあります。私たちは無口だなって思うんです。私たちの無口はどこから来るんだろうか。一つは恐れから来るかもしれない。かつて誰かに厳しいことを言われた。本当に心が痛むようなことを言われた。だから「またあんなことになったら嫌だ。」と恐れて交わりを持つことができないのかもしれない。あるいは「どうせ祈っても神さまは聞いてくださらない。」という諦《あきら》めに支配されているのかもしれません。人と人との関係でもそうですが、相手が自分と関わろうとしない時に「なぜ自分から語りかけなければならないのか。」とプライドが邪魔するかもしれません。「どうせ話したってわからない。」そういう諦めから、人との間でも神さまとの間でも深い交わりを避けて表面的な交わりに終わってしまうことが良くあると思います。けれども神さまは違う。神さまは傷つくことを恐れない神さま、プライドから不機嫌に黙り込むことのない神さまだと思います。

先週、日曜日から月曜日にかけて京都聖会が行われました。今年の主講師は関西聖書神学校の鎌野直人《かまのなおと》校長でした。最初の夜の聖会で「神さまにはプライドなんかない」ということをおっしゃった。ちょっとびっくりして、一体どういうことだろうと思いました。それが語られたのは、あのヤコブのはしごの箇所でした。ヤコブがお兄さんのエサウを騙《だま》して、命を狙われると思い込んで逃げ出した。途中のベテルで石を枕に寝ていた時、夢で天から地に向かってかかっているはしごを見る。鎌野先生は旧約聖書の専門家ですが、旧約聖書では「主《しゅ》」という言葉と「主の使い」という言葉は区別されていないとおっしゃった。「主の使いが言った」と書いてあるかと思うと、「主はそこで言われた」と入れ替わるように書いてある。だから、あのはしごを上り下りして天から降りて来てくださったのは「主の使い」、つまり「主」、神さまなんだと。寝ているだけのヤコブのところへ神さまがご自分から降りてきて、語ってくださった。これは鎌野先生がおっしゃったのではなく、聞いていた私が思ったことですが、神さまは私たちに「わたしの高みまで登ってこい」とはおっしゃらない。「自分の力で悟りをひらけ」ともおっしゃらない。そうじゃなくて「わたしが語る。わたしが口火を切るから、わたしの言葉を聞いたらいい。わたしの愛の言葉を聞いたらいい」と、そうおっしゃるお方です。

神さまの愛は、イエスさまにこそ明らかになっている。このはしごを降りてきてくださる神さまの愛。ご自分から語りかけ続けてくださる神さまの愛。それはイエスさまを見たら良く分かる。ご自分から人となってこの世に来てくださる、天からのはしごを降りて来てくださる。でも降りるだけじゃない。なお十字架の死にまで降りてくださり、そこから黄泉《よみ》に下ってくださった。

イエスさまは地上の生涯の間、多くの言葉でお語りくださいました。イエスさまの死と復活も私たちに語られた言葉、つまり「行いによる言葉」と見ることができます。だから、私たちは神のみ言葉によって生きる民なんです。神さまのみ言葉を大切にする民なのです。それはみ言葉がまじないのような効果を持っているからではなく、愛の言葉だからです。私たちを造り変える愛の言葉だから、私たちはみ言葉を大切にします。愛の言葉、恵みの言葉が私たちを造り変えていきます。

聖会のCDを頼んだ方もたくさんおられると思います。私もこれは皆さんにぜひ聞いていただきたいと思って三組も注文してしまいました。ところで今日はそのCDには収められていない、とても良いことをお分かちしたいと思います。去年から、聖会の二日目の昼は主講師が青年たちと食事をしながら語り合う時間としています。いろいろと語り合っているうちに青年の一人が「鎌野先生の人生を本当に変えた出来事はありますか」と聞きました。私もとても興味があって、ドキドキしながら耳を傾けました。

鎌野直人先生は10年間アメリカで聖書を勉強されましたが、ある時、本を読んでレポートを書かなければならなかった。図書館にある本だけじゃなくて、教授にも何冊か本を借りた。レポートが書き上がったので本をお返しすることになった。先生はたくさんの本を両手で抱えて車に入れようとした。でも、本を抱えながらでは車の鍵は開けられない。そこで、半分の本を屋根の上に置いておいて、片手で鍵を開けてもう半分を車の中に入れた。しばらく車を走らせるとバタバタという音がした。先生は何の音だろうと思いながらも図書館まで行って本を返し、そこで気がついた。教授から個人的に借りた方の本の山がない。「ああ、さっきの音は車の屋根から本が落ちた音だったんだ」と気がついたんです。ちょっと気がつくのが遅いような気もしますが、もしかしたらレポートを書くのに疲れていたのかもしれないですね。

それで探しに行った。探しに行ったんだけれども、不思議なことに一冊もない。30分ぐらいかけて探したんだけれども一冊も見当たらない。その時に先生は「困ったな」と思った。「これは正直にお詫びをするしかない」と思った。ではお詫びをしたらどうなるか。あの教授なら「分かった」と言って必ず赦してくれると確信した。「同じ本じゃなくてもいいから、別の本で補ってくれたらそれでいいよ。」と言ってくれるだろうと思った。ところがその時、自分の中で「それでいいのか」という不思議な思いが湧いてきた。「教授の本を失くしてしまった。それを買って返して赦していただくだけでいいのか。」その時、先生は衝撃を受けたとおっしゃった。ここで私は「自分には罪の意識が足りないという話かな」と思ったのです。ところが反対だった。教授が赦すと言ってくださっても「それだけではいけないのではないか、そんなことで済ませていいのか。」と自分を赦すことができない自分に愕然とした。それは神さまとの関係、他の人との関係、そして自分自身との関係にとって大きな問題なのではないかと気がついた、というのです。だから「恵みなんだよ」って言われた。

恵みを知らない者は恵みを語ることはできないし、他の人に恵みを与えることもできない。本当に不注意な、あるいは罪ある私たち。そういう私たちがただ赦されている。大きな恵みの中で生き方が変わっていく。み言葉を聞くときに私たちはただ恵みによって、恵みそのものによって変えられていく。その時、私たちは勇気をもって赦したり、愛したり、与えたりすることができる。

鎌野先生が聖会の中で「勇気は使った分しか増えない。」とおっしゃった。使った分しか増えない。信仰、希望、愛も同じです。使った分しか増えない。信じた分しか、望みを抱いた分しか、愛を与えた分しか増えないんだと。でも、臆病で傷つくことを恐れるプライドの高い私たちが、拒絶されるかもしれないのにどうして愛することができるだろうか。恵みによる他はない。それは神さまの愛のみ言葉によって与えられている。神さまはみ言葉の一つ一つを、何となく与えられたのではない。御子イエスを差し出してくださったように、思いを込めて、命がけで与えてくださった。そのみ言葉を大切にしたいと思います。

言葉は大切ですね。言葉にしなくてはならない、言葉にしなくては分からないことがたくさんあると思います。人は本当に複雑で、臆病でしかも傲慢なんです。だから丁寧に愛の言葉を聞き、語る必要がある。神さまの恵みと愛のみ言葉をいつも聞く必要がある。私たちは重荷を互いに担い合う生き方、しもべとして互いに仕え合う生き方へと招かれていますが、それを可能にするのは恵みと愛のみ言葉です。イエスさまが私たちに仕えるために来てくださったように、イエスさまのように変えられていく。造られたときの神のかたちに回復されていく。その回復は、神の恵みのみ言葉によって与えられます。み言葉は私たちの人格に働きかける。神さまは意志を持って、願いをもって私たちを造り変えてくださるということを知っておきたいと思います。

恵みのみ言葉によって私たちは神さまのゴール、神さまのみ言葉の中心にあるものを知らされていく。神さまのゴールは何か。私たちが死んで天国に行くことじゃない。先週は「死後のいのちの、後のいのち」ということを語りました。死後のいのちは天国に行くことかもしれない。でも、それは眠りにつくことであって、その後は復活して神とともに永遠に生きる。死後のいのちが天国なら、そのあとのいのち、復活した後のいのちがある。それがまさに「死後のいのちの、後のいのち」です。その時には私たちが全く回復される。それがゴール。そのために私たちは今、それぞれ置かれた場所で訓練を受けています。なかなか自分で自分を訓練することはできないですけど、それぞれが置かれた場所で一人一人にふさわしい「神さまのオーダーメイドの訓練」を受けていると思います。そこでは忍耐を強いられますけれども、一番忍耐してくださっているのは神さまご自身であることも覚えたいと思います。

さて、京都聖会のことをずっとお話ししていますが、二回目の集会では「ペヌエル」のことが語られた。「ペヌエル」とは「神の顔」のことです。神さまと一晩中格闘した時、ヤコブは「私は顔と顔とを合わせて神を見た」と言います。そこから語られたのは「誰の顔を見て生きているか」ということ。人の顔を見て、人の顔色を気にしながら、人がどう言うだろうか、どう思われるだろうかと気にしながら生きているか。あるいは自分の顔、面子というのでしょうか、それを見てしまうことがあるかもしれない。顔が立つとか立たないとか、面子を傷つけられたとかどうだとか、そういう生き方をしていることも良くある。人間は臆病と傲慢が混じったような存在なので、恐らくみんなどちらか一方というのではなくて両方の性質を持っているだろうと思います。でも神さまが望んでおられる生き方は、「神の顔」の前に生きることだ、と鎌野先生はおっしゃった。あなたは「神の顔」の前に生きているだろうか。そう語られている思いがいたしました。

思えば私自身、「神の顔」の前に生きることに数えきれないくらい失敗してきたと告白せざるを得ません。相手の顔色を見て、言うべきことを言えなかった。人の顔を見て、穏やかに言えずに強く激しく言ってしまった。拒絶される恐れやプライドが邪魔をして、心から真実な言葉を語ることができなかった。そういうことが数限りなくある。司会者として講壇の上で鎌野先生のお話を聞きながら、私はそのように感じました。「神の顔」の前に、私も心開いて真実な言葉を聞き、語る。残りの人生をそのように生きたいと思いました。それが神の民の生き方だと思うのです。神に支えられ守られているという余裕の中で、恐れではなく勇気を持って相手の思いに心を傾ける。そういう神の民の生き方がそこにあると思いました。モーセはイテロの助言を受け入れました。ここには、かつて自分の力でイスラエルを何とかしようとしてエジプト人を打ち殺した若き日の姿はない。40年の間、モーセは「神の顔」の前にみ言葉によって養われ訓練されてきました。この時モーセは、ためらうことなく民の長たちに権限を譲った。恐れなかった。自分の身を守る必要がなかった。自分の顔、面子を守る必要がなかった。プライドが傷つけられることを恐れて力で人を支配する、そんな必要は全然なかったのです。モーセは神さまの御心のままに、人々とともに働くことができた。イスラエルが神の民として立て上げられることに、本当に喜んで自分をささげることができました。エペソ人への手紙4章11～13節でパウロが、教会にはみ言葉を語る人々が立てられていると語っています。

「こうして、キリストご自身が、ある人たちを使徒、ある人たちを預言者、ある人たちを伝道者、ある人たちを牧師また教師としてお立てになりました。それは、聖徒たちを整えて奉仕の働きをさせ、キリストのからだを建て上げるためです。私たちはみな、神の御子に対する信仰と知識において一つとなり、一人の成熟した大人となって、キリストの満ち満ちた身丈にまで達するのです。」（エペソ４・11〜13）

教会には預言者、伝道者、牧師また教師といったみ言葉を語る人々が立てられている。そのみ言葉によってなされていくのは、私たちが一致をもって大人になり、成長してキリストの身丈にまで達すること。一人ひとりがというより、教会という私たちの集まりがキリストの身丈にまで成長することをパウロは願いました。

そのように、私たちはみ言葉によってキリストのからだとしての成長を続けていくことができる。その先に神さまのゴールがあります。再臨の時にやがて完成する神のかたちの回復、そしてこの世界の完全な贖い。死も、悲しみも、叫びも、苦しみもない、そういう世界の回復が待っている。天地創造の時に神さまが「非常に良い」とおっしゃった世界が回復されるのです。その時、私たちは非常に良い世界の中に、非常に良い存在として置かれる。非常に良い世界、回復された世界の一部分とされるのです。

大正時代、内村鑑三《うちむらかんぞう》が軽井沢の星野温泉旅館、今は星野リゾートという企業になっていますが、そこの二代目の若主人に「成功の秘訣」という一ページくらいの割と短い文章を書き送った。その最後にこう書いてある。

「人もし全世界を得るとも霊魂を失はば何の益あらんや。人生の目的は金銭を得るにず。品性を完成するにあり。」（内村鑑三『内村鑑三全集 40』、岩波書店、1984年、6頁）

品性、つまり人格を完成することがなぜ人生の目的であり大切なことのか。実は、それは死ぬまで完成しないわけです。私たちは死ぬまで成長し続ける。では、途中で終わってしまうような完成を目指すことがなぜ大切なのだろうか。もし私たちが死んで天国に行くことがゴールなら、とにかく天国に行けばいいじゃないですか、ということかもしれない。でも、私たちのゴールは「死後のいのちの、後のいのち」であって、完全に回復された世界の中に生きること。だからその回復は当然、新しい命を今いただいている私たちの中にすでに始まっている。その回復は私たちの中で完成へ向かっていくし、世界の回復ともつながっている。私たちの人格も完成される。それがもう今、始まっている。もうその道筋を歩んでいる。

個人というより、愛し合い、思いを担い合う私たちの人格、集団としての人格と言ってもいいと思いますが、その私たちがみんなで歩んでいる。それはやがて世界を形造る回復の大切な、欠かすことのできない一部分であって、そこに向かってもう訓練が始まっている。恐らく、内村鑑三はそういう思いを描きながら「人生の目的は品性を完成させることなんだ」と書いたと思います。

私たちが置かれた場所でそれぞれ訓練を受けながら愛によって生きようとしている、愛を使おうとしている。使った分だけ愛が増えるんです。使わなかったら増えない。それは大きな大きな世界の回復に結びついている。礼拝の初めにも祈っていただきましたが「神さまの顔」の前で、置かれた場所で、小さなことに見えてもきちんと愛し、きちんと生きること。それは決して小さなことなんかじゃない。限りなく大きなことの一部分であって、一番大切なことにつながっている。そのことを今日も覚えたいと思います。

神と人を愛するために

聖書　出エジプト記　20章1〜17節

[1]それから神は次のすべてのことばを告げられた。[2]
「わたしは、あなたをエジプトの地、奴隷の家から導き出
したあなたの神、主である。[3]あなたには、わたし以外
に、ほかの神があってはならない。[4]あなたは自分のために偶像を造ってはならない。上
の天にあるものでも、下の地にあるものでも、地の下の水の中にあるものでも、いかなる
形をも造ってはならない。[5]それらを拝んではならない。それらに仕えてはならない。あ
なたの神、主であるわたしは、ねたみの神。わたしを憎む者には父の咎を子に報い、三代、
四代にまで及ぼし、[6]わたしを愛し、わたしの命令を守る者には、恵みを千代にまで施す
からである。[7]あなたは、あなたの神、主の名をみだりに口にしてはならない。主は、主

の名をみだりに口にする者を罰せずにはおかない。[8] 安息日を覚えて、これを聖なるもの
とせよ。[9] 六日間働いて、あなたのすべての仕事をせよ。[10] 七日目は、あなたの神、**主**の
安息である。あなたはいかなる仕事もしてはならない。あなたも、あなたの息子や娘も、そ
れにあなたの男奴隷や女奴隷、家畜、またあなたの町囲みの中にいる寄留者も。[11] それは
主が六日間で、天と地と海、またそれらの中のすべてのものを造り、七日目に休んだから
である。それゆえ、**主**は安息日を祝福し、これを聖なるものとした。[12] あなたの父と母を
敬え。あなたの神、**主**が与えようとしているその土地で、あなたの日々が長く続くように
するためである。[13] 殺してはならない。[14] 姦淫してはならない。[15] 盗んではならない。[16]
あなたの隣人について、偽りの証言をしてはならない。[17] あなたの隣人の家を欲してはな
らない。あなたの隣人の妻、男奴隷、女奴隷、牛、ろば、すべてあなたの隣人のものを欲
してはならない。」

10月第三主日の礼拝にようこそいらっしゃいました。今日は初めての方々もいらっしゃっています。今日の箇所である「十戒《じっかい》」を読んでいただきましたが初めての方はいきなり十戒が出てくると、教会は「これはダメ」「あれもダメ」と言われる窮屈なところじゃないかと

思われるかもしれません。私も最初に教会に行って十戒を読んだ時にはそのような思いがいたしました。けれども十戒は決して「いのち」のない掟《おきて》ではありません。むしろそこには神さまの愛が実に豊かにあふれている。そういう聖書箇所の一つだと思います。ですから、今日も十戒から神さまの豊かな愛を聞き取りたいと願います。

奴隷であったイスラエル民族はエジプトから脱出して助け出されます。恐らく紀元前15世紀頃（1440年頃）、今から言うと約3600年前のことです。神さまが海を二つに分けて渡らせる奇跡が起こります。そのように救い出されたイスラエル民族なのですが、たびたび不平不満を言うのです。エジプトを脱出する時もエジプト軍が追いかけて来ると、指導者モーセに向かってこう言います。

「エジプトに墓がないからといって、荒野で死なせるために、あなたはわれわれを連れて来たのか。」（14・11）

とてもひねくれたものの言い方というのでしょうか。「あなたのせいだから何とかしてください」ならまだ分かるのですが「墓がないのでここで死なせるつもりでわざわざ連れてき

たのだろう。」と根も葉もない非難をするのです。荒野で食べ物がなかった時にも、

「エジプトの地で、肉鍋のそばに座り、パンを満ち足りるまで食べていたときに、われわれは主の手にかかって死んでいたらよかったのだ。事実、あなたがたは、われわれをこの荒野に導き出し、この集団全体を飢え死にさせようとしている。」（16・3）

というようなことまで言います。これは全く事実ではない。エジプトでは貧しくギリギリの生活をしていたわけです。それなのに全然事実と違うことを言って神さまに感謝しないで指導者を責める。それがイスラエルの人々でした。けれども神さまは、そのようなイスラエルを救い出し、荒野でマナという食べ物を降らせ、水がないときには岩から水を湧き出させて養い助け、シナイ半島の先にあるシナイ山まで連れて来られた。この間にイスラエルは何をしたか。何もせず、ただ泣き言を言っていただけなんですね。ところが神さまは、彼らが何かをしたから救ったというのではないんです。

「あなたがたは、わたしがエジプトにしたこと、また、あなたがたを鷲の翼に乗せて、わ

たしのもとに連れてきたことを見た。」(19・4)

神さまは言うことを聞かないイスラエル、むずかるイスラエルをただご自分で持ち運んでくださった。鷲《わし》がその雛《ひな》を翼の上に乗せるように優しく愛をもって持ち運んでくださった、救ってくださった。不従順で聞き分けのないイスラエルに対する神さまの憐み深いお取り扱い。それはイスラエルが他の民よりも良い民だったからではないのです。そうではなく、ただ、憐れんでくださった。ただ、愛してくださった。私たちも同じです。私たちが良い人だから救われる、ということでは、全然ない。

私の父のためにお祈り頂いています。一か月ほど前に大腸がんが発見された時には既にステージ4でした。転移もあるので積極的な治療をすることができない。とにかく詰まっているところのバイパス手術だけしましょうということで、その手術が成功して今は何の痛みもありません。ところが、先週一つの出来事が起こった。退院を待つばかりの夜、ふと眠れなくなった。自分の罪のことが次々と頭に浮かんできたと言うんです。親に対して、あるいは兄弟に対して、親戚に対して、妻に対して、子どもたちに対して、周りの人々に対して、自分が今まで犯してきた罪が次々と頭に浮かんできて、夜中ずっと思い出していた。その時ふと「私はこれでいいんだろうか。神さまの前に立てるだろうか。やがて遠からず神さまの前に立たなければならない時、自分は大丈夫だろうか。」と思ったと言うんですね。そこで夜が明けてから母に来てほしいと連絡をした。父はもう三十数年クリスチャンとして生きてきたわけですが、今この時に神さまに対して何か言うべきことがある、そんな思いがしたというのです。

母が来て父と二人で祈った。父は自分にはこういう罪がある、母もまた自分にも罪があると神さまに申し上げて二人で祈った。御子《みこ》イエスの血が全ての罪から私たちをきよめる、赦しがある、そう祈った。そして夫婦二人で「そうだ、イエスさまの十字架があるんだ」と確信した。自分たちは罪人でその罪を償うこともできないけれども、イエスさまの十字架によって赦されたことがもう一度はっきりした、と言うんです。その時、父は母に「今日あったことを子どもたちに伝えてほしい、もう大丈夫だということを伝えてほしい」と言った。私もそれを聞く事ができて本当に良かったと思いました。私たちはみな罪人であって、思いと言葉と行いによって愛を貫くことができない。そういう罪人だけれども、ただ神さまが憐れんで鷲の翼に乗せるようにして、御子を十字架にかけて私たちを救ってくださった。私たちが何をしたわけでもないし、何もすることはできない。だからこそ、そこに憐みがあることを忘れてはならないと思うんです。

十戒を読むときに忘れてはならないことがある。出エジプトがあって、それからシナイ山なんです。エジプトを出て、旅を続けていってシナイ山に到達した。まず救われたんです、そして律法が与えられた。イスラエルは律法を守ったから救われたのではない。律法なんか何も知らずに文句ばかり言っている。でも救われたんです。そして救われた後で律法を与えられた。律法とは「神と共に歩く歩き方」です。救われた人たちが神さまとともにどのように歩いたらいいのか、という歩き方。だから「律法」はひっくり返して「法律」なのかと言えばそうではないし、十戒は私たちを縛り付ける「戒め」かと言うとそうじゃないのです。

十戒は普通「戒め」という字を書きますね。けれども本来この言葉は「十の言葉」、これが元々の意味です。なので「戒め」という言葉よりは「戒」に「言（ごんべん）」をつけた「誡」、「かい」と読みますがこれで「十誡」のほうがいい。十戒はまず言葉なんだ、神さまがご自分とともに歩く歩き方を私たちに教えてくださる言葉なんだ、と私はいつもお話しするようにしています。神さまは私たちとともに歩いてくださる。そして歩き方を教えてくださる。別の言い方をすれば、神さまは花婿でイスラエルや私たちは花嫁ということができるかもしれない。この花婿は本当に愛情豊かなんです。神さまは本当に愛情豊かな花婿。ところが花

郵便はがき

恐縮ですが
切手を
お貼りください

113 - 0033

東京都文京区本郷 4-1-1-5F

株式会社ヨベル YOBEL Inc. 行

ご住所・ご氏名等ご記入の上ご投函ください。

ご氏名：　　　　　　　　　　（　　　歳）

ご職業：

所属団体名（会社、学校等）：

ご住所：（〒　　　-　　　　）

電話（または携帯電話）：　　　　（　　　　　）

e-mail：

表面に ご住所・ご氏名等ご記入の上ご投函ください。

●今回お買い上げいただいた本の書名をご記入ください。
書名：

●この本を何でお知りになりましたか？
1. 新聞広告（　　　　）2. 雑誌広告（　　　　）3. 書評（　　　　）
4. 書店で見て（　　　　　書店）5. 知人・友人等に薦められて
6. Facebook や小社ホームページ等を見て（　　　　　　　　）

●ご購読ありがとうございます。
ご意見、ご感想などございましたらお書きくだされればさいわいです。
また、読んでみたいジャンルや書いていただきたい著者の方のお名前。

・新刊やイベントをご案内するヨベル・ニュースレター（E メール配信・不定期）をご希望の方にはお送りいたします。
（配信を希望する／希望しない）

・よろしければご関心のジャンルをお知らせください
（哲学・思想／宗教／心理／社会科学／社会ノンフィクション／教育／歴史／文学／自然科学／芸術／生活／語学／その他（　　　　　　）

・小社へのご要望等ございましたらコメントをお願いします。

自費出版の手引き「**本を出版したい方へ**」を差し上げております。
興味のある方は送付させていただきます。
資料「**本を出版したい方へ**」が（必要　　必要ない）

見積（無料）など本造りに関するご相談を承っております。お気軽にご相談いただければ幸いです。

＊上記の個人情報に関しては、小社の御案内以外には使用いたしません。

嫁であるイスラエルや私たちは愛することが良くわからない花嫁なんです。愛するとは相手を大切にすることなんだ、自分を与えることなんだ、花婿と花嫁はそのように互いを与え合うんだ、ということが良くわからない。そういう花嫁である私たちに、神さまはまず愛を体験させてくださる。私たちを愛することによって、愛されるとはどういうことかを体験させてくださる。その後で「あなたもそのように愛しなさい」と、私たちが愛する花嫁になるために忍耐強く愛を教え続けてくださる。ですから、十戒とそれを含む全体としての律法は神さまとともに歩く歩き方の教えであり、神さまと人を愛する愛し方の教えであると言うことができます。十戒は私たちを縛り付けて退屈させるものではない。それは私たちの喜びを増し加えるものです。

この朝も私たちは礼拝で主の祈りを祈り使徒信条を告白いたしました。これは世界中の教会で行っていることです。ところが教会によっては主の祈りと使徒信条に加えて、皆で十戒を読む教会もあるんです。最初に私がそのことを聞いたときは「どうだろう。十戒には『これこれしてはならない』という文章が並んでいる。それを皆で毎週繰り返し唱えたら何か窮屈なことにならないだろうか」と思いました。しかし少し調べてみましたら、そういう意味ではないということが良く分かったんです。礼拝で十戒を唱える教会でよく用いられる言葉があります。それは「十戒は自由への道しるべだ」という言葉です。道しるべとは道に立っていて腕木が付いている。「こっちは大阪、こっちは東京」とそんなふうに書いてある。十戒は道しるべなんです。そこにも腕木が付いていて、片方には「この十戒に従って歩くならば自由になれる」とある。十戒が指し示しているのは自由なんです。だから十戒は自由への道しるべなんです。逆の方向には何と書いているか。「こっちに行くと奴隷に戻る。」十戒に従って歩かなければ奴隷に戻ると書いてある。十戒は救い出され自由にされた私たちがその自由の中に留まり、ますます自由とされていくために歩むべき道を示す、そういう道しるべであることを知って頂きたいと思うんです。一箇所、新約聖書を開きましょう。

「キリストは、自由を得させるために私たちを解放してくださいました。ですから、あなたがたは堅く立って、再び奴隷のくびきを負わされないようにしなさい。」

（ガラテヤ5・1）

私たちは自由にされた。解放された。だから奴隷に戻ってはいけない。「奴隷のくびき」とは一体何なのか。

「肉のわざは明らかです。すなわち、淫らな行い、汚れ、好色、偶像礼拝、魔術、敵意、争い、そねみ、憤り、党派心、分裂、分派、ねたみ、泥酔《でいすい》、遊興《ゆうきょう》、そういった類《たぐい》のものです。」（ガラテヤ5・19〜21）

ここには不品行とか好色といったような汚れた行いにおける罪もあれば、敵意やそねみ、憤りといった思いにおける心の罪、心の歪みといった罪も含まれている。私たちはかつて、そういった罪にどっぷりと浸かっていた。思いと言葉と行いにおいてこのような罪の奴隷であった。でもそこからキリストによって解放された、そして自由にされ続けている。その自由とは何か。

「しかし、御霊《みたま》（聖霊）の実は、愛、喜び、平安、寛容、親切、善意、誠実、柔和、自制です。このようなものに反対する律法はありません。」（ガラテヤ5・22〜23）

キリストにある自由な人びとは、このような実を聖霊によって結んでいく。罪の奴隷である者はこのような実を結ぶことはできない。けれども、私たちはもう実を結び始めているし、ますます結んでいくことができる。そのために律法は私たちを縛るのではなく、ますます自由にして御霊の実を結ばせる。神と人を愛する実を結ばせるために律法がある。律法はそういう自由への道しるべなんだとイエスさまは教えてくださいました。

「わたしが律法や預言者を廃棄するために来た、と思ってはなりません。廃棄するためではなく成就するために来たのです。」（マタイ5・17）

十戒が指し示す自由の実は、イエスさまによって成就される。今私たちの内にその成就が成りつつあることを覚えたいと思います。

今日は十戒全部を詳しく見る時間はありません。それは申命記を語るときにしたいと思います。今日は背骨に当たる部分だけを見たいと思います。十戒の背骨とはなにか。それは「愛に向かって解き放たれる自由」です。

「わたしは、あなたをエジプトの地、奴隷の家から導き出したあなたの神、主である。あなたには、わたし以外に、ほかの神があってはならない。」（出エジプト記20・2〜3）

これが「第一戒」です。あるいは3節だけを切り離して「わたし以外に、ほかの神があってはならない」を第一戒と読むこともできますが、私は2節を入れて読む。「わたしは、あなたをエジプトの地、奴隷の家から導き出したあなたの神、主である。」つまり「わたしはあなたの神なんだ。既にあなたの神になっているんだ。律法を守ったらあなたの神になってあげようというのではない。もうあなたの神なんだ。『だから』あなたには、わたし以外にほかの神があってはならないのだ。」と。「ほかの神があってはならない」というのはちょっと分かりにくいですけれども、元々の原語から忠実に考えると「ほかの神があるはずはない」です。「わたしはあなたの神だから、あなたにはほかの神があるはずはない。」となります。

結婚式を考えてみるとよく分かると思います。互いに「あなたは私にとってただ一人のパートナーです」と誓う。だから「世の中にほかの異性はたくさんいるけれども、あなたと私の間にあなた以外の異性が入り込むことなどあるはずはありません」、これがこの言葉の意味です。「あるはずがない」というところだけを捉えますと「本当は偶像などいないし、いない以上は拝んじゃだめだよ」と言っているように思います。けれどもそれ以上に「仮にほかの神があっても私の神はあなただけです」ということです。ご自分のことを「あなたの神」とおっしゃってくださるあなただけが私の神で、ほかの神など私にあるはずがない。そのように私たちが意志をもって神さまを愛し、神さまを選び続けるように。それがこの第一戒の教えです。

それにつけても不思議なことは、神さまがご自分を「大きな名前」で呼ぶのではなく「わたしはあなたの神だ」と言われること。小さな私たち一人ひとりに対して「あなたの神だ」と。そういう呼ばれ方を好まれるということですよね。私の神であることを喜んでくださっている神さまがおられる。私たちはしばしば自己評価が低く、私なんかだめだ、私は神さまに本当に赦されているのだろうかと思いがちです。しかし神さまは「わたしはあなたの神だ」、そうおっしゃることで私たちの心を喜びで満たしてくださる。自己評価の低さからも解き放ってくださる。御霊が働いて私たちをますます自由にしてくださる。そのような神さまを私たちは「私の神」とお呼びします。

偶像礼拝の禁止については4節以降に「偶像を造ってはならない。偶像を拝んではならない。」（20・4、5）とあります。しかし偶像礼拝をしてはならないというのは、ただ神社に行って手を合わせてはいけないという、それだけを言っているのではありません。ここで神さまが否定しておられるのは、神を神としない生き方。神を神としないならば、私たちは神さまから離れていく。どこかの神社で手を合わせる人は何を願っているのだろうか。恐らく「あなたの御心をなさせてください」と願っている人は誰もいないでしょう。願いがあって、今日はこのことについて願い事をしようと思って行く。「これを叶えてください。これを与えてください。これを実現させてください。」そういう願い事をしている。言葉は丁寧だけれども、偶像の神に対して自分の願い事を叶えるように命令している。

もしその願い事が実現したらお礼を言いに行くかもしれない。ついでにまた違う願い事を言いつけるかもしれない。あるいは願いが聞かれなかったなら、叶わなかったなら「もうここに来るのは止めだ、よその神社に行こう」となるかもしれない。偶像礼拝というのは、結局は自分を神としているのです。自分が神の役割を果たして、自分の人生に実現するべきことを自分で定めている。そのために生きていく。けれども「十戒」はそこからの自由を教えている。私の願っていることが、私にとって本当に良いかどうか。それもまた御手に委ねて、神さまの願うような人に成長させていただくことを願う。それが神を神とする生き方。そんな生き方への自由が示されています。

それに似たことですが、第三戒には「神の名をみだりに口にしてはならない。」（20・7）とある。口先では神さま、神さまと言う、神さまの御心に従いますと言うんだけれども、実際には自分のために神さまの権威を都合良く利用することに傾いてしまう。それは神さまへの愛ではなく、神さまの権威によって他の人びとを支配すること。神への愛も、人への愛もない、どこにも愛がない生き方になるのです。けれども、ここではそんな生き方からの自由が指し示されている。私たちを促して愛を与えて注ぎ出させる聖霊の働きをとどめることがないように、愛のない生き方から自由になるように、神さまが教えてくださっているのです。

「安息日を覚えて、これを聖なるものとせよ。」（20・8）という四番目の戒めがあります。これは聖霊さまに働いていただくためにとても大事なことだと思います。際限なく働き続けることを求める、そういう社会の仕組みに私たちはのみ込まれている。日々のみ込まれそうになって生きている。でも神さまはそこから自由になるようにと語っておられます。社会は「もっと大きなものを、もっと沢山のものを、もっと収入を、もっと能率的に」というように「もっと」をいつも求めます。強制的に、力づくで私たちを急き立てるのではない。むしろ、私たちの心の中にある奴隷の首かせのようなものに手をかけて引っ張り、そのように追いやっていく。私たちの中に「のんびりしていたら自分の場所が奪われてしまうのでは。尊敬を失ってしまうのでは」という恐れを生じさせる。その結果、自分自身をすり減らし、家族と過ごす時間もなくなり、何より神の聖霊の働きをとどめてしまう。

そこで安息日。ただ休むだけでなく、神さまの愛の中にとどまる時を持つ。神さまを礼拝し、神を神とする。その時、私たちは自分の内になお残っている奴隷の首かせのようなものから解き放たれて自由を取り戻すことができる。神の子の自由を取り戻すことができます。ですから「十戒」というのは単なる道徳ではない。「こうしなければ罰を与えるぞ」という掟ではない。実際「十戒」には罰は書いてない。あなたがますます自由に、ますます幸いになるために神さまが与えてくださった歩き方の教えです。

今日の週報に十戒の絵が載っています。聖書にもあるとおり、二枚の石板ですね。一枚目にどこまでが書いてあって、二枚目はどこからかは良くわかりません。しかし、一枚じゃなくて二枚に書かれていることは一つの大切な象徴を思い出させる。神への愛が「十戒」の第一番目に大切なこと。だから「第一戒」から「第四戒」までは神への愛。二枚目が象徴しているのは人への愛。だから「第五戒」から「第十戒」までは人への愛。十戒、そして律法には二つの側面がある。神さまへの愛と人への愛。その二つの愛において、聖霊が実を結ばせてくださる事を知るべきです。もちろん神さまへの愛が最初にくる。何も知らないイスラエルが、神さまによって鷲の翼に乗せられるように救われ、神さまのケアの中で安心してその愛を全身に染み渡らせていく。そこで解き放たれ、自由にされて、愛することができるようになります。

「第五戒」の「父と母を敬え」(20・12)。これは親の事だけではありません、両親をはじめとする他の人々への愛。自分が今まで持っていた他の人への反感とか無関心、そういうものを手放す自由へと私たちを招いている。

ここのところ父のことばかり話すようで恐縮ですが、私は父との間に何かしらの緊張関係がありました。どこか心を許していないような感覚と申しましょうか、父親から十分に手放しで認められてない、受け入れてもらえてない、何かそういうものを持っていました。この感覚は微かなもので、わざわざ言葉に出そうとも思わなかったですし、恐れもあった。そうやってずっと過ごしてきたわけですが、何年か前に父に聞いてみたんです。「なぜお父さんは僕のことを認めてくれないの？　そういう風に感じるのだけれども」と。そういうことを言っても「何をばかなことを言ってるんだ」と片づけられてしまうのではないか。「そんなことを言うなんて情けない奴だ」と言われて傷つくかもしれないと、なかなか口に出すことができなかった。口に出そうとしたことすらなかった。しかし、私も神さまの愛の中でもう安心していいんだ、私も私の人間関係も全部神さまの手の中にあるんだと分かってきたので、ふと父に言ったのです。「お父さん、何か認めてくれてないような気がするんだ。僕のことを認めてほしいんだ。」心の底から受け入れて欲しい、時々褒めてほしい。そんなことは子どもの時から言った事もないのですが、言ってみた。

そうしたら、びっくりするような答えが返ってきた。「お前が私のことを認めていないからなんだよ。私はそういう風に感じている」と。今84歳の父ですが、そういう年代の人が自分の内面を、しかもその弱さを語るのは考えられないことです。私はもっといいかげんな返事が返ってくるのかなと思っていた。けれどもその答えを聞いた時に「父もやはりさみしかったのかな」と思った。私と父は何をやっていたんだろうか。受け入れられていない、認められていないと互いに恐れて無駄に生きてきた年月を本当に恨めしく思いました。しかし、その時から私と父の関係は本当に変わった。もはや私にとって父は、頑なな私をはねのける冷たい父ではなくなりました。交わりを求め互いに愛し合うことを求める、そういう願いを持った人だとわかりました。父もまた私の気持ちをわかってくれたんです。

「父母を敬え」という教えから私たちを遠ざけるものは何だろうか。色んな反感がある。「どうせわからないだろう」という無関心がある。互いに愛し合うことを願いながらも、そういうものが妨げている。でも神さまは十戒を通して、そこからの自由を与える。反感と無関心と愛することができないところから、本当に心から父母を敬う自由へと私たちを解き放ってくれる。

「第六戒」以下も私たちを自由にするための教えです。「殺すなかれ。」(20・13)というのが六番目。「殺す」というのは殺人に限らず、自分の中にある恐れや怒りによって他の人を締め出し、押しのけ、コントロールしようとする衝動。そこからの自由がある。神さまに抱きしめられている私たちは、そういう心から自由になることができる。七番目は「姦淫するなかれ。」(20・14)、八番目は「盗むなかれ。」(20・15)、九番目は「偽るなかれ。」(20・16)、十番目は「むさぼるなかれ。」(20・17)。いずれも自分の欲望のために周りの人を利用し裏切る生き方からの自由を教えている。どうすれば自由を手に入れることができるか。自分で殺したり、姦淫したり、盗み偽りむさぼるよりもっと良いものを神さまが与えてくださるという安心、神さまの愛の中でそのような生き方をすることができる。それはむさぼりや偽りからの自由であると同時に、愛することへの自由でもある。神の子である私たちの中に聖霊が働いてくださって、そのような愛の実を結ばせてくださる。

今日は子ども祝福の祈りの時間を持つことができました。思いがけず三人も子どもたちが集って本当に感謝でした。この子どもたちが大きくなった時、私たちはこの世界についてどう伝えるだろうか。私たちが神さまを知らなかったらどうでしょう。「この世界は不安に満ちた、油断のならない場所だ。だから自分の力でしっかり生きるんだ。抜け目なく心を許し過ぎずに生きて行かなければならない。この世界には本当の自由、罪からの自由などないのだから、いろんなことがあってもそこそこに折り合いをつけて生きて行きなさい。そういう技術を身につけなさい。」もし子どもたちにそのように語らなければならないなら寂しいことです。

けれども、私たちが知っていて伝えることができるもう一つの世界観がある。「確かにこの世界には歪みがある。社会にも、自然にも、自分の人生にも問題はたくさん出てくるだろう。けれども覚えておくがいい。世界は神さまの愛のまなざしの中にある。あなたはどこにいても、どのような問題を抱えている時でも、神さまの愛の中にいる。それが世界の本当の姿なんだ」と。私たちがこのことを伝えることができるなら本当に幸いではないでしょうか。「神さまはあなたを愛しておられる。だからあなたを絡みつく罪から解き放って、自由を与えてくださる。そういう神さまなんだ。そういう神さまが造ってくださり、治めてくださり、回復へと向かわせてくださっている、それがあなたの生きているこの世界の本当の姿なんだ。それを成し遂げてくださったのは御子イエス・キリストを十字架につけてくださった神さまなんだ」と。そう教えることができたら本当に素晴らしいのではないでしょうか。出エジプト記19章には素晴らしい言葉がいっぱい出てきます。

「今、もしあなたがたが確かにわたしの声に聞き従い、わたしの契約を守るなら、あなたがたはあらゆる民族の中にあって、わたしの宝となる。全世界はわたしのものであるから。」（19・5）

子どもたちに「あなたたちは神さまの宝だ」と伝えたいと思う。神さまはあなたたちのために御子イエス・キリストを十字架にかけることさえ躊躇されなかった。あなたたちはそういう神さまの宝なんだ。自分が宝であることを忘れてはいけない。それを忘れたら「自分なんかつまらない」と思って他の人と比べる、そんな生き方をするかもしれない。けれども、あなたたちは神さまの宝なんだと、そう教えられている。

『あなたがたは、わたしにとって祭司の王国、聖なる国民となる。』これが、イスラエルの子らにあなたが語るべきことばである。」(19・6)

イスラエル、そして私たちは「祭司の王国、聖なる国民」。すなわち、自分が神さまを知っているだけじゃない。そうじゃなくて他の人々のためにとりなし「あなたも神さまの宝で、神さまに愛されている」と伝える存在、神を証ししていく存在。だから私たちは子どもたちに伝えることができる。「あなたがこの世界に生きているのは意味がある。それはあなたが神さまを知ること、愛すること、自由に生きることである。それだけでなく、神さまがこの世界を宝にしようとしておられる、そのお手伝いをするためにあなたは生きるんだ。あなたの人生は空しい人生ではない、どうでもいいやという人生ではない。」と伝えることができます。

こうして、神さまは私たちを神の民として回復してくださり、私たちとともに働いて全世界を回復へと導いてくださっています。私たちの中にすでに始められている自由は、その先取りとも言えます。その自由はどこから来たのか。それはイエス・キリストがご自分を十字架に差し出してくださった、神の子としての自由。それが私たちの自由の源です。この朝も十字架を見上げて感謝したいと思います。

神でない神を拝まないために

聖書　出エジプト記32章1～14節

1 民はモーセが山から一向に下りて来ようとしないのを
見て、アロンのもとに集まり、彼に言った。「さあ、われ
われに先立って行く神々を、われわれのために造ってほし
い。われわれをエジプトの地から導き上った、あのモーセという者がどうなったのか、分か
らないから。」2 それでアロンは彼らに言った。「あなたがたの妻や、息子、娘たちの耳にあ
る金の耳輪を外して、私のところに持って来なさい。」3 民はみな、その耳にある金の耳輪
を外して、アロンのところに持って来た。4 彼はそれを彼らの手から受け取ると、のみで鋳
型を造り、それを鋳物の子牛にした。彼らは言った。「イスラエルよ、これがあなたをエジ
プトの地から導き上った、あなたの神々だ。」5 アロンはこれを見て、その前に祭壇を築い

た。そして、アロンは呼びかけて言った。「明日は主への祭りである。」[6]彼らは翌朝早く
全焼のささげ物を献げ、交わりのいけにえを供えた。そして民は、座っては食べたり飲んだ
りし、立っては戯れた。[7]主はモーセに言われた。「さあ、下りて行け。あなたがエジプト
の地から連れ上ったあなたの民は、堕落してしまった。[8]彼らは早くも、わたしが彼らに命
じた道から外れてしまった。彼らは自分たちのために鋳物の子牛を造り、それを伏し拝み、
それにいけにえを献げ、『イスラエルよ、これがあなたをエジプトの地から導き上った、あ
なたの神々だ』と言っている。」
[9]主はまた、モーセに言われた。「わたしはこの民を見た。これは実に、うなじを固くする
民だ。[10]今は、わたしに任せよ。わたしの怒りが彼らに向かって燃え上がり、わたしが彼ら
を絶ち滅ぼすためだ。しかし、わたしはあなたを大いなる国民とする。」[11]しかしモーセは、
自分の神、主に嘆願して言った。「主よ。あなたが偉大な力と力強い御手をもって、エジプ
トの地から導き出されたご自分の民に向かって、どうして御怒りを燃やされるのですか。[12]
どうしてエジプト人に、『神は、彼らを山地で殺し、地の面から絶ち滅ぼすために、悪意を
もって彼らを連れ出したのだ』と言わせてよいでしょうか。どうか、あなたの燃える怒りを
収め、ご自身の民へのわざわいを思い直してください。[13]あなたのしもべアブラハム、イサ

ク、イスラエルを思い起こしてください。あなたはご自分にかけて彼らに誓い、そして彼らに、『わたしはあなたがたの子孫を空の星のように増し加え、わたしが約束したこの地すべてをあなたがたの子孫に与え、彼らは永久にこれをゆずりとして受け継ぐ』と言われました。」[14] すると**主**は、その民に下すと言ったわざわいを思い直された。

出エジプトの出来事は、神さまのイスラエルに対する一方的な救いでした。決して良い民だから救われたのではありません。ただ神さまの憐みによって救われたのでした。その後、神さまはシナイ山で十戒を始めとする律法を与えられました。律法もまた、それを守れば救われるという救いの条件ではありません。それはすでに救われた神の民が神とともに歩く歩き方なのです。ところがモーセが四十日四十夜シナイ山の上にいる間に、民は金の子牛を造ってしまいました。

「さあ、われわれに先立って行く神々を、われわれのために造ってほしい。」

（出エジプト記32・1）

こうアロンに願ったのです。彼らは自分たちを救ってくれたのが神さまであることを忘れたかのようです。本当に忘れたのか、それとも最初からそれほどしか神さまを知らなかったのか。いずれにしても、こんなにもすぐに偶像礼拝にもどっていくイスラエルには呆れるばかりです。それに輪をかけるかのように彼らは言います。

「われわれをエジプトの地から導き上った、あのモーセという者がどうなったのか、わからないから。」（32・1）

イスラエルはモーセを見ても神さまは見てはいなかったようです。「あのモーセという者」という呼び方も何の愛も感じられない言い方です。神さまを愛することも、モーセを愛することもわからないイスラエルは偶像を求めたのでした。

偶像礼拝については先週も語りました。石や木で作った神はそもそも存在しません。何かを願うこともありません。それは、自分の欲望をかなえてくれる存在がいたら良い、と思って人間が作ったものです。だから偶像とは人間の欲望の投影。人は物言わぬ偶像に命令します。言葉遣いはていねいでも「これをしてください、あれをしてください」と言いつけるのですから命令です。自分が神のように振る舞うことが偶像礼拝の本質なのです。けれども、まことの神さまはエジプトの奴隷であったイスラエルの叫びに、身を屈めるように耳を傾けてくださった。神さまは忍耐強く、何度もエジプトとファラオを揺さぶってイスラエルを救い出してくださった。ところがこれほど神さまから愛されていたのに、イスラエルはその神さまが存在しないかのように扱いました。金の子牛を造った時、生きておられる神さまから顔をそらしました。それは自らを神さまのいのちから切り離してしまうことでした。

「彼らは翌朝早く全焼のささげ物を献げ、交わりのいけにえを供えた。そして民は、座っては食べたり飲んだりし、立っては戯れた。」(32・6)

金の子牛の前で宴会を開き、不品行に走ります。みだらな行いを始めたのです。神との関係の崩壊とともに人との関係の崩壊も始まったのです。私たちも神さまにさまざまな必要を訴えます。けれどもそのとき、神さまに自分の願いを命令することがないようにと思います。神さまは私たちの願いよりもはるかにまさるご計画をお持ちであるからです。しばらく前に京都聖会委員会に出席しました。そこで船田献一先生が、すでに召された金井由信先生のことを話してくださいました。金井先生は私が神学生のときの校長先生。その金井先生がよく「神さまは必ず帳尻を合わせてくださる。」とおっしゃっていたそうです。私たちには祈りが聞かれなかったように思えることが多くある。病や事故など、どうしてこんなことがと思うようなことも多くある。けれども祈りが聞かれないように思えるとき、神さまを信じたら良い。神さまは必ずみ心を行ってくださると信じる。神さまのみ心は必ず帳尻が合っている。私たちの計算よりもずっと帳尻が合っていて、私たちが心から納得できる結果になる。だから私たちは神さまに言うことを聞かせるのではない。み心をなしてくださいと祈る。具体的にどんな途中経過をたどるかを神さまに委ねて祈るのです。

さて、神さまはイスラエルのありさまに「わたしが彼らを絶ち滅ぼす。」（32・10）と怒りを燃やされました。怒る神さまと言うと、とても恐ろしい気がします。けれども神さまの怒りは理不尽な、訳のわからない怒りではありません。それは怒りを向けられた者たちでさえ納得せざるを得ない怒り。怒りを向けられて当然と思わざるを得ない怒り。神さまはイスラエルを愛したのに、その愛が裏切られたことに怒りを向けた。そこには痛みがともなっている。「神さまが痛む」というのは不思議に思えるけれども、愛を大切にする神さまはご自分が愛されなかったときには痛むお方。神さまが怒られたのはイスラエルへの愛を裏切られたためだけではありません。世界の回復のためにお立てになったイスラエルがその使命から遠く離れてしまったことへの痛みでもありました。

イスラエルは神さまと共にはたらく同労者として選ばれた人びと。ところが、自分からその大切な神さまに背を向け、神さまからの大切な使命を投げ捨ててしまった。神さまの愛を世界に伝えることが使命なのに、偶像を拝む他の民族と同じになろうとした。だから神さまはモーセに「わたしはあなたを大いなる国民とする。」(32・10)と語られました。まるでモーセからイスラエルの歴史をやり直そうとするかのようです。偶像礼拝に走ったイスラエルではなく、モーセの子孫を新しいイスラエルにしようとしたのです。けれどもモーセは必死になって神さまを思いとどまらせようとします。イスラエルは「あなたが偉大な力と力強い御手をもって、エジプトの地から導き出されたご自分の民。」(32・11)ではないかと嘆願する。「エジプト人に『神は、彼らを山地で殺し、地の面から絶ち滅ぼすために、悪意をもって彼らを連れ出したのだ』と言わせてよいでしょうか。」(32・12)と語気を強める。アブラハム、イサク、イスラエル(ヤコブ)との契約を持ち出すなど、モーセはあらゆる手段で神さまに訴えるのです。あの手この手で神さまにとりなす。それはイスラエルを愛して惜しんだからでした。

ついに神さまは「その民に下すと言ったわざわいを思い直された。」(32・14)のでした。まるで神さまがモーセに説得されたように見えます。けれども、神さまはしぶしぶ説得に応じられたのではないと思います。本当は、神さまは説得されたかったのではないかと思うんです。自分を顧みないでイスラエルのためにとりなすモーセは、神さまの慰めとなったのでした。

後にモーセは、民の罪の赦しのために「あなたがお書きになった書物から私の名を消し去ってください。」(32・32)とまで迫ります。ここは、イエスさまの姿を思い出させるところです。実際には、モーセの名は救いに与る人々から除かれることはありませんでした。除かれたのはイエスさまだけです。イエスさまだけがすべての人の罪のために十字架で滅びを経験されました。けれども、モーセにはイエスさまに似た愛があります。自分を顧みないで神と人を愛する愛があるのです。存在せず人格もない偶像を選んだイスラエルと、神さまのご人格にどこまでもしがみつくモーセ。この違いはいったいどこから生まれたのでしょうか。今日は宗教改革記念の礼拝ですが、キリスト教会が大切にしてきた言葉の一つに「コーラム・デオ」があります。ラテン語で「神のみ前に」という意味です。宗教改革者の一人カルヴァンもこれを強調しました。礼拝のときだけでなく、私たちの生活すべての場面で神のみ前に生きることの幸いを思い出させる言葉です。モーセは神のみ前に生きました。水や食べ物の調達をはじめ、生活のすべての領域で神さまのお心を思い、神さまとの交わりに生きました。反対にイスラエルは目に見えるものが不足すると、たちまち神さまのみ前に生きることをかなぐり捨ててしまいました。神さまのみ前に生きるならば、私たちは神と人を愛することができます。飲んだり食べたりしているときも、買い物をしているときも、遊んでいるときも、私たちの生活が神さまのみ前での生活であるなら幸いです。それは決して窮屈なことではありません。むしろ喜びに向かって私たちが解放されることなのです。

けれども、間違えてはならないことが一つあります。私たちは頑張って聖人君子になって神のみ前に生きるのではないということです。毎年10月31日は宗教改革記念日、その直前の日曜礼拝が宗教改革記念礼拝です。ルターによる改革の始まりを記念するときです。けれどもその改革は何か新しいことを始めたというのではありません。そうではなく、聖書に初めからあることをはっきりとさせたんです。私たちは弱い罪ある存在。言葉において、行いにおいて、思いにおいて、みな罪を犯している。お互いに愛を貫くことができない。それは神さまの前に罪ですから、決して見過ごされることはありません。良い行いによって救われることは決してできない。けれども神さまはそんな私たちを憐れんでくださった。そして、救われるために自分ではどうすることもできない私たちのために御子を与えてくださった。私たちの罪のために御子イエスを十字架に架けてくださった。だから罪を認め、十字架を自分のためと受け入れる者はみな救われる。救いはただ恵みによって、一方的に神さまから与えられる。ルターはこのことを力強く宣言しました。

神のみ前に生きる願いもまた、自分の罪と弱さを知ることから起こされます。パウロは「私は自分の弱さのことを誇ります。」（第二コリント11・30）と記しています。神さまがそこに恵みを働かせてくださるからです。そして、イエスを信じた者たちはただ永遠のいのちにあずかるだけではありません。神のみ前に生きる者たちはモーセのように執り成す生き方へと召されています。

「だれかが弱くなっているときに、私は弱くならないでしょうか。だれかがつまずいていて、私は心が激しく痛まないでしょうか。」（第二コリント11・29）

このように愛を注ぎ出すパウロの心はモーセに通じるのです。イエスはいつも神のみ前に生きました。そして、イエスは私たちのために十字架にかかってくださり、私たちを神の子としてくださいました。私たちがイエスのように生きることができるためにです。イエスこそが私たちの愛の生き方の源なのです。

私たちの同行者

聖書　出エジプト記33章1～17節

1 **主**はモーセに言われた。「あなたも、あなたがエジプト
の地から連れ上った民も、ここから上って行って、わた
しがアブラハム、イサク、ヤコブに誓って、『これをあなたの子孫に与える』と言った地に
行け。2 わたしはあなたがたの前に一人の使いを遣わし、カナン人、アモリ人、ヒッタイ
ト人、ペリジ人、ヒビ人、エブス人を追い払い、3 乳と蜜の流れる地にあなたがたを行か
せる。しかし、わたしは、あなたがたのただ中にあっては上らない。あなたがたはうなじ
を固くする民なので、わたしが途中であなたがたを絶ち滅ぼしてしまわないようにするた
めだ。」4 民はこの悪い知らせを聞いて嘆き悲しみ、一人も飾り物を身に着ける者はいな
かった。5 **主**はモーセに次のように命じておられた。「イスラエルの子らに言え。『あなた

がたは、うなじを固くする民だ。一時でも、あなたがたのただ中にあって上って行こうも
のなら、わたしはあなたがたを絶ち滅ぼしてしまうだろう。今、飾り物を身から取り外し
なさい。そうすれば、あなたがたのために何をするべきかを考えよう。』」6 それでイスラ
エルの子らは、ホレブの山以後、自分の飾り物を外した。
7 さて、モーセはいつも天幕を取り、自分のためにこれを宿営の外の、宿営から離れたと
ころに張り、そして、これを会見の天幕と呼んでいた。だれでも**主**に伺いを立てる者は、宿
営の外にある会見の天幕に行くのを常としていた。8 モーセがこの天幕に出て行くときは、
民はみな立ち上がり、それぞれ自分の天幕の入り口に立って、モーセが天幕に入るまで彼
を見守った。9 モーセがその天幕に入ると、雲の柱が降りて来て、天幕の入り口に立った。
こうして**主**はモーセと語られた。10 雲の柱が天幕の入り口に立つのを見ると、民はみな立
ち上がって、それぞれ自分の天幕の入り口で伏し拝んだ。11 **主**は、人が自分の友と語るよ
うに、顔と顔を合わせてモーセと語られた。モーセが宿営に帰るとき、彼の従者でヌンの
子ヨシュアという若者が天幕から離れないでいた。12 さて、モーセは**主**に言った。「ご覧く
ださい。あなたは私に『この民を連れ上れ』と言われます。しかし、だれを私と一緒に遣
わすかを知らせてくださいません。しかも、あなたご自身が、『わたしは、あなたを名指し

て選び出した。あなたは特にわたしの心にかなっている』と言われました。[13]今、もしも私がみこころにかなっているのでしたら、どうかあなたの道を教えてください。そうすれば、私があなたを知ることができ、みこころにかなうようになれます。この国民があなたの民であることを心に留めてください。」[14]主は言われた。「わたしの臨在がともに行き、あなたを休ませる。」[15]モーセは言った。「もしあなたのご臨在がともに行かないのなら、私たちをここから導き上らないでください。[16]私とあなたの民がみこころにかなっていることは、いったい何によって知られるのでしょう。それは、あなたが私たちと一緒に行き、私とあなたの民が地上のすべての民と異なり、特別に扱われることによるのではないでしょうか。」
[17]**主**はモーセに言われた。「あなたの言ったそのことも、わたしはしよう。あなたはわたしの心にかない、あなたを名指しして選び出したのだから。」

今日の召天者記念礼拝にようこそいらっしゃいました。普段なかなかいらっしゃれない方々、また初めての方々がこのようにたくさんいらしてくださいました。本当に心から歓迎いたします。

私はこの教会で牧師をしています大頭です。今こうして牧師になっていますが、家族で一番最後にクリスチャンになり、わりと長い間、私以外はみんな教会に行って私だけ行かない、という時期がありました。そのころはなんで家族が日曜になる度に教会に行くのか、どうしても分かりませんでした。せっかくの日曜日なんだから朝寝坊したり、あるいはどこかへ遊びに行ったりする方が時間が有効に使えるんじゃないかと思っていたわけです。一体何が楽しいんだろうと思っていました。

ところがそれと裏腹に、不思議なことに気付いてもいたんです。日曜日の夜にリフレッシュして元気で爽やかなのは、ゆっくり休んでよく遊んだはずの私じゃなくて朝から教会に出かけていた家族の方なんです。家族の方が爽やかで生き生きとしている様子に気が付いたんです。眩《まぶ》しいというか凛々《りり》しいというか、何か違う雰囲気を漂わせている気がしました。別に私の家族が聖人君子だとか、決してそういうことではありません。いつも通りの姉であり母ですけれども、何か違うなってことを感じるわけです。香りのようなもの、と言っても鼻で匂う香りではないのですが、そういう印象を受けるのです。それが結構悔しかったんです。何かうらやましいような、でもそれを認めるのも悔しいような。だから「教会行ってるくせにそういうことをするのか」、「クリスチャンなのにそんなことをやるのか」と揚げ足を取るようにいじめていたんです。今思えば本当に恥ずかしい、よくないことしたな、申し訳ないなと思っています。そんな私もだいぶ経ってから教会に行くようになりました。なぜ教会に行くようになったのかなと思うと、やはり彼らが日曜日に礼拝から帰ってきて漂わせていた雰囲気というか香りというか。これは本当だな、本物だなと、どこかで本能的に感じていた、それがダメ押しになったと思うんです。

今日みなさんは教会にお越しになりました。これはとっても幸いなことです。みなさん多分「本当だろうか」と思われるかもしれないけれども、ここに来た時のみなさんと、ここから出て行く時のみなさんは、やっぱり香りが違うはずです。それは何かマジックのようなことじゃありません。礼拝の中で神さまが私たちに会ってくださる、その神さまに会った人はやはり違うんですね。もちろん礼拝に出たからといって私たちが何か他の人とは違う立派な人間になったということではないのです。日常生活の中でその香りは薄れていくかもしれませんが、また教会に来て神さまに触れていただいて、神さまの「香り」をまとうことができます。

先ほど読んでいただいた聖書は出エジプト記33章です。ここに記されているのは、今からおよそ3500年前の出来事です。今は西暦2018年ですから、今から3500年前は紀元前1500年ごろ。このころイスラエル民族、後のユダヤ人はエジプトで奴隷として働いていた。非常に厳しくて人権など何もないような、そういう生活をしていました。そこから神さまによって救い出されたんですが、その後のことが今日読んだところに書いてあります。そんな遠い昔の遠い異国の出来事が今の私に何の関係があるのか。そのようにお思いになるかもしれない。けれども3500年前にイスラエルの人々に会ってくださった神さまは、今ここで私たちに会ってくださる神さまと同じです。だから、神さまがイスラエルの人たちにどのように語り、振舞い、愛してくださったかを見れば、神さまが今の私たちにどのように語り、何を望み、どのように愛してくださるのかを知ることができます。

3500年前にイスラエルの人々に触れてくださった神さまが、この朝私たちにも触れてくださいます。そう言うと「私は聖い、立派な人間じゃないので教会に行くことはできません。」って言う人がよくいるんです。そうするといつも教会に来ている人たちは頭をかくわけですね。聖いから、立派だから来ているのではない、むしろ逆です。自分は神さまに触れていただく必要がある。神さまに赦され、愛を注いでいただく必要があるから来ている。イスラエルの民も全く同じだったんです。彼らも立派な人々ではなかった。むしろ神を知っているにも関わらず、そこから大きく逸脱した人々でした。というのも、彼らはエジプトから脱出した後すぐに、皆が持っている金の耳輪を集めて金の子牛の像を造った。きっとそんなに大きなものではなかったと思います。フィギュアのようなものを造った。そして「これが神だ」「これを拝もう」と造り物の神を拝んだ。本当の神さまは荒野を旅するようにおっしゃる、時には罪を犯さないようにと厳しくおっしゃる。でもそういう自分たちが言うこと聞かなきゃいけない神さまじゃなくて、金の子牛になら好きなことが言えるわけです。お金が欲しい、食べ物が欲しい、何でも言えばいい。そういうふうに自分が命令できる神さまを欲しがった。そして本当の神さま、愛してくださる神さまに背を向けるようになりました。

私の家族が毎週教会の礼拝でいったい何を経験していたんだろうか。そのころは全くわからなかったけれども、今はよくわかる。私の家族は私が知らないところで礼拝に出て、そこで神さまの愛を経験していた。愛することと好きということの違いがお分かりでしょうか、I love you とI like you。好きというのは、自分はこれが好きだ、好みだということです。愛するというのは自分を与えるということです。相手を大切にして自分を与える、これが愛。神さまは自分を与える。神さまはいつも、私たちにもイスラエルにも、ご自分を与えてこられた。

イスラエルはこれまでもずっと神さまに反抗し続けてきた。不平不満を言い続けてきた。

水がない、食べ物がない、敵がやって来るその度に「神さまなんか知らない」って言い続けてきたわけですね。でも、神さまは忍耐をもってイスラエルを愛し導いて来られた。神さまに「忍耐強い」という言葉は随分と似合わない気がします。力のない人が、仕方がないから我慢するのが忍耐だと私たちは思います。神さまは力があるわけで、その気になれば一瞬にしてイスラエルを滅ぼすことがおできになる。そういう神さまなのに、忍耐強くイスラエルを愛し、私たちを愛してくださる。ここで私たちが持っている愛のイメージが変わる。忍耐のイメージが変わる。愛とは、愛する力のある者が愛することのできない人々に与えるもの。忍耐とは、忍耐する力のある者が忍耐できない人々に与えるもの。それが忍耐強いという愛ですね。聖書を読むとそういうことがわかる。

しかし、そんな神さまが、もうイスラエルと一緒にいることはできないと言う時が来ました。神さまに向かって不平不満を言うぐらいであれば、まだ神さまを向いているのです。でも今回は金の子牛を造ってそれに向かって物を言っている。神さまに背を向けて、もう神さまには語らない。神さまは愛です。「神は愛なり。」（第一ヨハネ4・16）という聖書の有名な言葉がありますが、その意味は二通りあります。神さまは愛するお方というのが一つ。もう一つは、神さまは愛されることを願うお方だということ。神さまは、私たちが神さまを愛することを願い、望み、喜ぶお方です。だから二つの意味で「神は愛なり。」と言うことができる。けれどもイスラエルが神さまに背を向けた時、神さまはもう一緒にいることができないとお感じになった。これは、妻に裏切られた夫の姿を想像するとよくお分かりになるかもしれません。妻を愛する夫にとって一番辛いことは、妻の裏切りだと思います。そして裏切った妻と一緒に暮らすことには大きな痛みが伴う。痛みは愛に伴うものです。愛がなければ痛みもない。愛するから痛む。その痛みが耐えがたくなる時に「もう共にいることができない」と思う。

ところがこの後、神さまはイスラエルの指導者モーセと語り合う。友と語るように語り合う。ここは本当に不思議なところだと思います。神さまは私たちが祈るときにそれを喜んでくださる。友と思って喜んでくださる。神さまはモーセとじっくり語り合う中で「わかった、わかった。私自身が一緒に行ってあげよう。あなたと一緒に行ってあげよう。イスラエルとではなく、あなたと一緒に行こう。」とおっしゃった。ところがモーセは納得しない。先ほど愛は与えるものだと申し上げましたが、モーセもまた愛が何であるかを知っていました。愛は与える。モーセは自分だけが良ければいいんじゃない。「神さま、私とではなく、私とだけではなく、イスラエル皆と共に一緒に行ってください。」と譲らないのです。言い続けるのです。「神さま、あなたは妻に裏切られた夫のように痛みを味わっておられる。もう一緒にやっていけないと思われるのは当然ですけれども、無理を承知で申し上げます。彼らと一緒に行って欲しい、どうしてもそうして欲しい。」無理を承知でそのように懇願しました。そして、神さまは大きな犠牲を払って、イスラエルと一緒に行くと決心してくださいました。同行してくださる神さまって本当に不思議なお方だと思います。何でもできる神さま。でも、人のために忍耐し、人のために痛みを感じる。そして人のために犠牲を払ってくださる。そういう神さまに、私たちは礼拝の中でお会いする。このことをまず第一に覚えていただきたいと思うんです。

憐《あわ》れみを痛みに優先される神さま。神さまはいつもそうなんです。ご自分の痛みよりも憐れみを、私たちに対する憐みを優先してくださる。この神さまの愛は、今から二千年前に最も明らかな形で示されました。出エジプトの出来事が今から3500年前ですから、それから千五百年後です。神の御子イエス・キリストが人となってこの世界に来てくださった。そしてすべての人の罪のために、すべての人を救うために十字架にかかってくださった。そんな大きな犠牲を神さまは、その御子イエスと共に払ってくださいました。

先日映画を見に行ったんです。『教誨師《きょうかいし》』という映画。少し漢字が難しいのですが、教えるという字に「さとす」と読む字、それに牧師の師という字です。最近亡くなった大杉漣《れん》（1951 - 2018）という俳優の最後の映画だそうです。この大杉漣さんが刑務所を訪ねて死刑囚と面会して教え諭す、「教誨」と言うんですけど、そういうプロテスタントの牧師を演じている。キリスト教にはプロテスタントとカトリックがあってここはプロテスタントの教会、そしてまさに私がプロテスタントの牧師です。これは他人事じゃない、是非見たいと思って見に行ったんです。とってもよかったです。大杉漣さん扮するプロテスタントの牧師が月二回、死刑囚に会って話すんです。その中で「私は神を信じる。洗礼を授けて欲しい」と言う一人の死刑囚が現れます。しばらく準備の期間をもって無事洗礼を授けるわけですが、その直後、この死刑囚がメモを書いて牧師に渡す。「だれがわたしのつみをせめうるか」とひらがなで書いてあった。その死刑囚がどういう罪を犯したかは映画では描かれていないんです。死刑になるくらいなので大きな罪であったと思います。しかし私の解釈によれば、この死刑囚は納得していない。「誰が私の罪を責めることができるのか。私だけではない。牧師よ、あなただって罪人だろう。私を裁いた裁判官も、検事も、皆罪人だろう。それなのにどうして私を責めることができるのか。誰も私を責めることなんかできないはずじゃないか。どうして自分だけが死刑にならなければならないのか。」そういう思いの表れだろうなと解釈しました。

映画を見ながら、この言葉の背景になっている出来事が聖書に出てくるのを思い出したんですね。姦淫の罪を犯した女性がいた。当時のユダヤの決まりによれば、姦淫の罪を犯した人は皆で大きな石を投げつけて殺すことになっていた。この女性は捕えられ、引きずられるようにしてイエス・キリストの前に連れて来られた。人々がイエス・キリストに「この女をどうしますか、姦淫の現場で捕えられたんですよ」と問うのです。これは罠です。もしイエスが「ユダヤの掟どおりにしなさい」と言うなら「あなたは罪を赦し、愛することを説いているのにこの女を殺せと言う。いつも言っていることと違うではないか」と文句を言うことができる。もしイエス・キリストが「殺すな」と言ったら「あなたは神が与えたユダヤの掟を破った」と言って責めることができる。人々はそんなふうにイエス・キリストを困らせようと思ったのです。

その時、イエス・キリストはおっしゃった。「あなたがたの中で、罪のない者がまずこの人に石を投げなさい。」（ヨハネ8・7）もし罪のない者がいたならその人が石を投げろ、とおっしゃった。するとその場にいた人たちは一人ずつ去って行って、この女性とイエス・キリストだけが残されました。つまり全ての人は罪人であって、自分には罪がないと言える人は一人もいなかった。ここまでは先ほどの映画の死刑囚も同じ。彼も「誰が私の罪を責めうるか」と言うことができるんです。

しかし、姦淫の女性の出来事が違うのはそこから後です。そこにはイエス・キリストと女性が残っている。誰が罪を責めうるか。人にはできない。けれども神さまに「あなたは私の罪を責めることはできない」と言うことはできない。私たちは神さまに対して罪を犯し、人に対して罪を犯している。神さまには罪がない。愛しかない。だから、この女性にイエス・キリストは尋ねるのです。「誰もあなたに石を投げる者はいなかったのか。」もちろん、誰もいませんでした。普通なら「では、わたしがあなたをさばく」と言うところかもしれない。でもそうじゃない。イエスさまは驚くべきことをおっしゃった。「わたしもあなたを罪に定めない」とおっしゃった。

私たちは、人の前では自分を弁護することができる。「そんなこと言ってもあの時は仕方がなかった」とか「あなたも同じことをしている」と言うことはできる。でも神さまの前でそうすることはできない。神さまは私たちの罪を責めることができるただ一人のお方。私たちが上手に隠している自分も、上手にごまかして思い出さないようにしている隠れた思いや行いも、皆神さまには知られている。ごまかすことができない。だから、私たちをさばこうと思ったら、神さまはいくらでもさばくことができる。責めることができる。けれどもイエスさまは私たちを責めるのではなく同行してくださり、罪を負ってくださった。ただ「さばかない」と曖昧にしたんじゃない。「あなたの罪はわたしが背負って十字架にかかる。だから、あなたはさばかれない」とおっしゃった。

共に行ってくださる同行者というと、つい用心棒のような存在を思うかもしれない。でも、ただ表面的に乱暴者から私たちを守るというだけじゃない。イエス・キリストは、言葉にできないような、誰にも言うことができないような罪の深みにまで同行してくださるお方。礼拝の中で神さまに触れていただくとはどういうことか。それ自らの罪を知り、その罪のためにご自分を与えてくださったイエス・キリストを知るということ。

もし私たちがこの礼拝から出て行く時に何か凛々しいものを漂わせているならば、それは自分の罪に思わず息をのむような恐れを味わい、その罪のための十字架にさらに息をのむような驚きと喜びを味わう。そんな香りを漂わせながら、私たちはここから出ていくのだと思うんです。この朝、私たちは十字架のイエスを信じて洗礼を受け、先に召された人々を記念しつつ礼拝をささげています。彼らもまた、自分の罪に思わず息をのむような恐れを味わった人々です。そのためにイエスさまが十字架についてくださったことに、さらに息をのむような驚きと喜びを味わうことができた人々。そういった人々を記念して、私たちは今神さまに礼拝をささげている。

今私たちがここに集っているのは、先に召された人々を拝んでいるんじゃないんです。そうじゃなくて、神さまに礼拝をささげている。私たちの愛する者たちのためにご自分の命を与え、愛を注いでくださったことに感謝するためです。「彼らを愛してくださってありがとうございます。」私たちはそう感謝するためにここに集っております。イエス・キリストという神の御子《みこ》が私たちの愛する者たちに同行してくださった。その罪の深みまで同行してくださった。凛々しい香りを放つ生き方に入れてくださった。このことを感謝しています。もう一箇所だけ聖書を開きましょう。

「明らかにされるものはみな光だからです。それで、こう言われています。
『眠っている人よ、起きよ。
死者の中から起き上がれ。
そうすれば、キリストがあなたを照らされる。』」（エペソ5・14）

ここでパウロが引用しているのは初代教会で洗礼を授ける時に歌った賛美歌だと言われています。洗礼式の時に皆で歌うわけです。「眠っている人よ、目を覚ませ。死者の中から起き上がれ。そうすればキリストが照らされる。」今まであなたは罪の中で眠っていた。まるで死者のように罪の中で死んでいた。今、目を覚ませ。起き上がれ。そうしたらキリストがあなたを照らしてくださる。そのように歌ったのだそうです。私たちが今記念している召天者たちもまた、洗礼を受けた時に自分の罪を告白した人々。自分の内にある暗闇を表に出した。明るみに出したんです。その時、キリストの光がその暗闇を照らす。その時に何が起こるか。

14節の冒頭には「明らかにされるものはみな光だからです」とありますね。この訳もよいと思いますが、別の訳では、

「明らかにされるものは皆、光となる。」（エペソ5・14口語訳）

とあります。私たちが隠していた暗い行い。それゆえ自分を責め、また何とかごまかそうとする思い。それを明るみに出したら、明らかにされるものはみな光となる。そこに闇がなく

なる。そういう不思議なことが起こるのです。冷たい心に愛が取って代わる。表面を取り繕って偽善的に生きていた、そういう部分が正直な、率直な、心からの生き方に取って代わる。「こんなことをしてしまった私なんかもう」「どうせ私なんか」と思って自分を責め続ける、そういう無限に繰り返されるループも赦された喜びに取って代えられる。「明らかにされるものは皆、光となる」のです。赦された者たち、光の中に入れられた者たちは、あの死刑囚のように「誰が自分の罪を責めうるのか」とは言わない。そうじゃなく、「私は罪人です」と言う。私は罪人だ。私は神にも、人にも罪を犯した。でもその罪を神が赦してくださった。「誰が私の罪を責めうるのか。」責めうるとすれば、それは神さましかいない。でもその神さまが、御子イエス・キリストの十字架によって、もう私を罪に定めないと言ってくださった。だから私は神を喜ぶ。喜びながら光の中を生きる。すでに召された愛する兄妹姉妹もそのように告白し、そのように生きた人々であること覚えていただきたいと思うんです。

もうひとつ。イエス・キリストが共に行ってくださる、同行してくださるということは、私たちが死んだら終わるのではない。そこから先は一人で行け、というのじゃない。そうじゃなくて、この世の終わりにもう一度イエスさまが来てくださって、召された者たちも復活にあずかり、イエスさまと共に永遠に生きることになります。イエスさまが同行するとおっしゃる時、それは終わりがない同行。いつまでも終わることなく、その同行は続いていく。一緒にいてくださいます。

　この後、私たちはここで聖餐《せいさん》を行います。ここにはクリスチャンじゃない人、洗礼を受けていない人もたくさんいる。そういう人はこの聖餐を分かち合うことができないのに、どうしてわざわざ召天者記念礼拝で聖餐を行うのだろうか。来週だったら召天者のために来る人はおられないから不公平でなくていいんじゃないか。そうお思いになるかもしれません。けれども、今ここで分かち合う聖餐はここにいる人々だけのものではない。そうじゃなくて、ここで小さな食卓と小さな杯、そして小さなパンによって行われる聖餐は、やがて再臨の時に実現する全ての信仰者の大きな大きな食卓につながっている。教会はそのように教えてきました。私たちもやがて死んでいく。でもキリストを信じて死んだ者たちは、私たちも、先に召された者たちも皆よみがえってキリストと共に飲んだり食べたりする。あまりにも壮大過ぎて私たちには想像できないのですけれども、その食卓を小さなスケールで実現しているのがこの聖餐です。

　ですからこの聖餐は時間と空間を超えた大きな聖餐につながっていて、私たちより先に召された方々も加わっている。そういう意味が込められているのです。だから、この召天者記念礼拝こそ聖餐を行うに相応《ふさわ》しいと思います。まだ洗礼を受けておられない方は、今日はこの聖餐に与ることはできません。どうぞ今座っておられる席でそのまま見守っていただきたいと思います。でもそれは、決して神さまから拒絶されているのではないことを知っていただきたいのです。神さまは全ての人を招いておられます。あなたもやがてこの聖餐に加わるように。あなたもやがて光、明らかにされた光となって一緒に聖餐にあずかることができるように。そのように招いてくださっています。その先には光の中の生涯が待っている。さらにそのまた先には、先に召された者たちとの再会を互いに喜び合う時が待っていることを覚えたいと思います。

千代に及ぶ祝福

聖書　出エジプト記34章1～17節

[1] 主はモーセに言われた。「前のものと同じような二枚
の石の板を切り取れ。わたしはその石の板の上に、あな
たが砕いたこの前の石の板にあった、あのことばを書き
記す。[2] 朝までに準備をし、朝シナイ山に登って、その
山の頂でわたしの前に立て。[3] だれも、あなたと一緒に登ってはならない。また、だれも、
山のどこにも人影があってはならない。また、羊でも牛でも、その山のふもとで草を食べ
ていてはならない。」[4] そこで、モーセは前のものと同じような二枚の石の板を切り取り、
翌朝早く、主が命じられたとおりにシナイ山に登った。彼は手に二枚の石の板を持ってい
た。[5] 主は雲の中にあって降りて来られ、彼とともにそこに立って、主の名を宣言された。

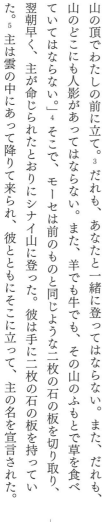

6主は彼の前を通り過ぎるとき、こう宣言された。「主、主は、あわれみ深く、情け深い神。
怒るのに遅く、恵みとまことに富み、7恵みを千代まで保ち、咎と背きと罪を赦す。しか
し、罰すべき者を必ず罰して、父の咎を子に、さらに子の子に、三代、四代に報いる者で
ある。」8モーセは急いで地にひざまずき、ひれ伏した。9彼は言った。「ああ、主よ。も
し私がみこころにかなっているのでしたら、どうか主が私たちのただ中にいて、進んでく
ださいますように。確かに、この民はうなじを固くする民ですが、どうか私たちの咎と罪
を赦し、私たちをご自分の所有としてくださいますように。」10主は言われた。「今ここで、
わたしは契約を結ぼう。わたしは、あなたの民がみないるところで、地のどこにおいても、
また、どの国においても、かつてなされたことがない奇しいことを行う。あなたがそのた
だ中にいるこの民はみな、主のわざを見る。わたしがあなたとともに行うことは恐るべき
ことである。11わたしが今日あなたに命じることを守れ。見よ、わたしは、アモリ人、カ
ナン人、ヒッタイト人、ペリジ人、ヒビ人、エブス人を、あなたの前から追い払う。12あ
なたは、あなたが入って行くその地の住民と契約を結ばないように注意せよ。それがあな
たのただ中で罠とならないようにするためだ。13いや、あなたがたは彼らの祭壇を打ち壊
し、彼らの石の柱を打ち砕き、アシェラ像を切り倒さなければならない。14あなたは、ほ

かの神を拝んではならない。主は、その名がねたみであり、ねたみの神であるから。[15]あなたはその地の住民と契約を結ばないようにせよ。彼らは自分たちの神々と淫行をし、自分たちの神々にいけにえを献げ、あなたを招く。あなたは、そのいけにえを食べるようになる。[16]彼らの娘たちをあなたの息子たちの妻とするなら、その娘たちは自分たちの神々と淫行を行い、あなたの息子たちに自分たちの神々と淫行を行わせるようになる。[17]あなたは、自分のために鋳物の神々を造ってはならない。

子ども祝福式礼拝にようこそいらっしゃいました。英語を使う国では、人と別れる時に「グッド・バイ」ではなく「ゴッド・ブレス・ユー」、つまり「あなたに神さまの祝福がありますように」と挨拶します。神さまの祝福がありますようにと言って別れる。これは本当に素晴らしい、嬉しいと思います。あるいは「ゴッド・ビー・ウィズ・ユー」、すなわち「神さまがあなたとともにいてくださいますように」という挨拶をする人もいます。素晴らしいなと思うんですね。神さまが祝福してくださるように。神さまがともにいてくださるように。神さまの祝福とは何かということをとてもよく表していると思うんです。神さまの祝福は神さまがともにいてくださることなんです。神さまの一番大きな祝福は、神さまご自身なんですね。神さまの祝福はまず第一に、神さまがともにいてくださることです。

今読んでいただいた出エジプト記34章でモーセというイスラエルの指導者、今から3500年程前の人ですけれども、彼が神さまにお願いしたのも「どうかあなたが私たちの中にいて進んでくださいますように、あなたが私たちとともにいてくださいますように」ということ。神さまの最大の祝福は、神さまがともにいてくださることです。それは3500年前でも、今でも、変わることがありません。

神さまとはどのようなお方でしょうか。先週の火曜日にテレビを見ていましたら、あの池上彰《あきら》さんがテレビで「カトリックとプロテスタントについて説明します」と話をしていました。ところがそこで話されたのは「カトリックはいっぱい献金したら天国に行ける、プロテスタントは天職という自分の職業で成功したら天国に行ける」ということでした。私はびっくりしてしまいました。池上さんはどちらかと言えば信頼できる人かなと思っていたんですけれども、あれは困る。他の牧師に話すと、あれは余りにも大きな誤解なのでTBSに連絡をした牧師がいました。ちゃんと調べて、後で訂正を出したりしてくれるそうです。「沢山献金したら天国に行ける。天職で成功したら天国に行ける。」神さまは、「これをしたら祝福してくださる」という条件付きの神さまだと、池上さんも誤解している。本人は誤解と思わずにそう教えている。けれども神さまはそうじゃないですよね。恵みの神さま、神さまは恵みの神。一方的に私たちを愛し、祝福してくださる神さまです。

「主、主は、あわれみ深く、情け深い神。」(34・6)

神さまはご自分を指して、わたしはあわれみ深い、情け深い神だとおっしゃる。

「怒るのに遅く、恵みとまことに富み、恵みを千代まで保ち、咎と背きと罪を赦す。」(34・6〜7)

わたしは恵みの神だ、千代までも、どこまでも恵みを与える神なんだ。神さまはご自分のことをそうおっしゃっています。また、恵みとまことに富む神ともおっしゃっています。

一方で——、

「罰すべき者を必ず罰して、父の咎を子に、さらに子の子に、三代、四代に報いる者で

ある。」（34・7）

とある。この時、モーセが率いていたイスラエルの人たちは金の子牛、黄金の子牛を造った。これを私たちの神だということにしようと言って拝んで、神の前に不品行な行いをした。性的に乱れた行いに走った。その時に神は怒った。怒るにおそい神さま、なかなか怒らない神さまなんだけれども、そういう神さまが怒ることがある。それは罪に対する怒りです。それはただ腹を立てるということではありません。神さまが怒るなんて恐いなあと思うんだけれども、短気で訳もなく腹を立てるということじゃないんです。神さまの怒りというのは、痛みを伴う怒り。

神さまはイスラエルを愛しているんです。ところがイスラエルは、その神さまの愛を無視して背を向けている。イスラエルは神さまの宝物なんです。神さまが宝物のように大切にしている一人ひとり。それなのにイスラエルは、そういう一人ひとりであるお互いを大切にしないんです。自分の仲間が神さまの大切な一人ひとりであることを忘れて、ただ自分の欲望を満たす対象として利用する。不品行を行う。そういうことが起こったわけです。神さまは私たちを本当に愛して、大切にしてくださる。だから、私たちが自分や周りの人を大切にしないで汚れた行いに身を任せてしまうのを見る時、大きな痛みを覚えられる。激しく怒る。心が痛んで「そういうことをしてはならない、続けてはならない」とお怒りになる。そうして私たちを何とか罪から救い出そうとする、そういう神さまです。

神さまの怒りは「父の咎《とが》を子に、さらに子の子に、三代、四代に報いるものである」と確かに聖書に書いてあるけれども、恵みは千代です。三対千《さんせん》なんです。「恵みとまこと」は同じ大きさではない。紙に書いたところをイメージすれば、「恵み」という字は本当に大きく書いてある。「まこと」というのは小さな字で書いてある。恵みが圧倒的に大きいんです。恵みがまことを覆っていると言っても良い。まことによってさばかれる時も、そのさばきもまた恵みの中で行われると言ってもよいと思います。

三代、四代というのも、親の罪によって子どもが罰せられるということを言っているのではありません。でも、やはり子どもは親の影響を受けますよね。神さまの愛を知らないで互いをないがしろにする、そういう罪が親にあるならば、やはり子どもはその影響を受けてしまう。神さまはそのことを警告しておられる。そういうことがないように、と言っておられる。そう読んだらよいと思います。

では罪とは何か。そのことを少しだけお話ししたいと思うんです。ある女性の牧師から聞いた話ですが、彼女がまだ高校生のころ、親友と一緒に教会の礼拝に出席した。説教を聞いていると牧師が奇妙なこと、不思議なことを言ったというんです。「皆さんは自分の仲のよいお友だちが悪口を言われているのを聞いた時、なぜかほっとするようなことはありませんか。」それを聞いていた彼女の隣には親友がいるわけです。まず最初は「そんな馬鹿なことはない」と思った。誰かがこの親友の悪口を言ったら、私なら絶対「そんなのおかしいでしょ」と言うだろう。「私の親友はそんな人じゃない。そんな悪口を言うのは止めなさい」と絶対に言うと思った。最初はそう思った。だけどその後でふと「やっぱり自分もどこかほっとする、そういうことがあるかもしれない。」と思った。その時にがく然とした。罪と言われてもそれまで全然分からなかったけれども、それを罪というのであれば自分も罪人だと思った、と言うんですよ。私も彼女からその話を聞いた時、ドキッとしたんです。なぜなら、私にもそういうところがあると認めざるを得なかったんです。ひょっとしたら皆さんもドキッとされたんじゃないかと思います。なぜだろう、私たちは自分の親友の悪口を聞いた時に、なぜか分からないけどほっとする。どうして私たちにはそういう悲しいところがあるのだろう。

クリスチャンで作家の三浦綾子さん（1922 - 1999）が、悪口というのは重い罪なんだということを書いています。悪口というのはついフッと出てきたように見えて、でもその奥には敵意があったり、妬みや憎しみがあったり、優越感や自分の軽薄さがあったり、そういう諸々の思いがあるというんですよね。私はそれを読んでなるほどと思った。人を悪く言う言葉は、ふとその場の思いつきで出てくるのではなくて、その奥には私たちの悲しい心、傷ついた心がある。自分はこの人より劣っているのではないか。自分はこの人より認められていないのではないか。自分はこの人より好かれていないのではないか。そういう不安な心があるから、親友の悪口を聞いた時に何か不安が和らげられるような気がする。それを言葉にするならば「ほっとする」という言葉になるかもしれない。だけど本当はどうなのか。そうやって悪口を言ったり聞いたりして不安がなくなるのか。幸せになるのか。そうじゃないですよね。逆に、自分という人間は何という嫌な人間だろうと思って、なおさら自分を嫌いになって、自分をないがしろにするようになってしまう。その女性の牧師は自分の罪に気がついて、幸いなことに神さまに救いを求めた。「神さま、この私の罪を赦してください。」その罪が赦され、原因となっているいろいろな思い、諸々の思い、不安な思いも癒されていきました。

神さまは私たちの罪を解決することができる。罪の原因となっている、私たちの色々な傷や痛みを回復することができる。神さまだけがそのような私たちの罪の原因を癒《い》やし、罪を赦すことができる。何より感謝なことは、神さまが私たちに一番してやりたいと思っておられるのは私たちを赦し、癒やすこと。神さまが熱心にそのことを願っておられるということ。聖書の中にはギョッとするような言葉が出てきますけれども、ここもそうです。

「主は、その名がねたみであり、ねたみの神であるから。」（34・14）

ねたむというのは、とても嫌な言葉ですよね。神さまがねたむ神だと聞くと、もうそんな神さまは要らないと思うわけですけれども、ねたみという言葉は「熱情」「熱い愛情」とも訳すことができる言葉です。神さまはねたみ深いと言ってもよいほどに、熱い愛情の神さまである。何に対してねたむのか。私たちを神さまから引き離す罪に対してねたんで怒る。私たちを愛するがために、私たちをご自分から遠ざけ光から暗闇に引きずりこんでしまう悪や罪に対して、ねたんで怒る神さまです。だからその熱い愛情、ねたみ深いと言ってよいほどの熱い愛が私たちに注がれているのです。私たちは何かをしたら救われるのではない。そうじゃなくて、神さまのこの熱い愛によって救われるんです。

モーセはこの時「この民はうなじを固くする民。」（34・9）と言った。うなじを固くするというのは、頑固だということです。頑固で、愛されてもその愛に応えることをしない。でもモーセは「このよくない民を赦してほしい。そしてこのよくない、頑固で愛が分からない民をご自分の民、ご自身のものとしてください。」と願ったのです。結果その通りになるのですけれども、神さまはモーセが言うから渋々赦したというのではないと思います。そうじゃなくて、神さまは赦したいからモーセの口を通して願いを出させた。そう読んだらよいと思うんです。

イスラエルが赦されたのは、イスラエルがよい民だからではありません。罪のあるイスラエルを、神さまがただ憐れんでくださったからです。私たちも同じです。善い人になるから、沢山献金をするから、あるいは天職を通してよく働くから赦されるのか。そうじゃない。そうじゃなくて、このままの罪ある私たち、自分でも嫌な私たちが、神さまの御顔を仰ぐ時に神さまの憐みによって赦されることができる。

神さまの熱い愛はモーセの時代から１５００年経った後、さらに驚くべきかたちをとることになります。それが教会にいつも架けられているイエス・キリストの十字架です。私たちは周りの人を愛することができず、自分を愛することができず、ないがしろにしてすぐに愛を投げ出してしまう。そういう私たちのために、神さまは御子を十字架にかけてくださった。

「しかし、この方（イエス）を受け入れた人々、すなわち、その名を信じた人々には、神の子どもとなる特権をお与えになった。」（ヨハネ1・12）

昨日「一年12回で聖書を読む会」がありましたけれども、そこで「父の涙」という歌を聞いたんです。その一番はこういう歌詞です。

心にせまる　父の悲しみ
愛するひとり子を　十字架につけた
人の罪は　燃える火のよう
愛を知らずに　今日も過ぎて行く
十字架から　あふれ流れる泉
それは　父の涙
十字架から　あふれ流れる泉
それは　イエスの愛　　（岩渕まこと）

（JASRAC許諾　2100348-101）

イエス・キリストを十字架につけた父なる神さま。神さまは平気ではなかった、平然としておられたわけではなかったということです。

「どうしてわたしをお見捨てになったのですか。」（マタイ27・46）

イエス・キリストは十字架の上でこう叫んで絶望された。イエスさまも辛かったんだけれども、父なる神さまはその絶望を見ていなければならなかった。手を出して救ってしまったら、イエス・キリストは救われるけれども私たちは救われない。私たちが神の子となることが出来ない。十字架に釘で打たれたイエス・キリストの体から血が流れている。父なる神はそれを見つめて悲しんでいる、痛んでいる。神さまに涙があるかどうか分からないけれども、その血がまるで父なる神さまの涙のように見える。この歌を作った人はそういう思いで作ったのでしょう。神さまが痛んでくださった。痛みながらもイエス・キリストを十字架につけてくださった。心が張り裂けるばかりの痛みを覚えながらも、イエス・キリストを助けることをしないで、その十字架を最後まで見続けてくださった。それは私たちを神の子とするためです。

神さまは私たちをご自分の子としてくださいます。私たちの父となってくださる。この父は私たちの全てをご存知なんです。ただのお人よしの方じゃないんです。私たちが他の人に言うこともできないような恥ずかしい罪も恥ずかしい心も、私たちの全部をご存知で、それなのに私たちを愛してくださる、そういう神さま。このままの私たちを受け入れて、赦してくださる。悪口も他の罪も、全ての罪を赦してくださる。私たちを罪へと駆り立てる不安、私たちの抱える色々な不完全さ、傷や忌まわしい思い出や経験、それらにも癒やしを与えてくださる。だから私たちは不安を感じて人の悪口を言う必要はない。聞く必要もない。ほっとする必要もない。他の人と自分を比べる必要もない。もう神さまの子どもとされているから、他の人にどう思われるかに振り回される必要はない。落ち着いて自分を大切にすることができる、それは神さまに愛されているから。落ち着いて神と人とを愛することができる、それは父の愛の中で安心して愛することができるからです。

千代に及ぶ恵みとは何か。先ほど子ども祝福式で子どもたちのために祈りました。色々なことを思います。子どもたちが健やかな成長をすることができるように、子どもたちの生涯全ての必要が満たされるように。もちろん神さまはそういう願いを叶えてくださる。でも神さまは、それ以上の恵みを与えてくださいます。それは私たちとともにいてくださって、私たちを神の子とすること。これが、神さまが一番熱く願っておられることです。

今日、礼拝に出席した全ての人びとがこの恵みを自分自身で受け取り、子どもたちにも孫たちにもこの恵みを手渡していく。そのために心を合わせて祈りたいと思います。

主の栄光が満ちて

聖書　出エジプト記40章17〜38節

[17]第二年の第一の月、その月の一日に幕屋は設営さ
れた。[18]モーセは幕屋を設営した。まず、その台座を
据え、その板を立て、その横木を通し、その柱を立て、[19]幕屋の上に天幕を広げ、その上
に天幕の覆いを掛けた。**主**がモーセに命じられたとおりである。[20]また、さとしの板を
取って箱に納め、棒を箱に付け、「宥めの蓋」を箱の上に置き、[21]箱を幕屋の中に入れ、仕
切りの垂れ幕を掛け、あかしの箱の前をさえぎった。**主**がモーセに命じられたとおりであ
る。[22]また、会見の天幕の中に、すなわち、幕屋の内部の北側、垂れ幕の外側に机を置い
た。[23]その上にパンを一列にして、**主**の前に並べた。**主**がモーセに命じられたとおりであ
る。[24]会見の天幕の中、机の反対側、幕屋の内部の南側に燭台を置き、[25]**主**の前にともし

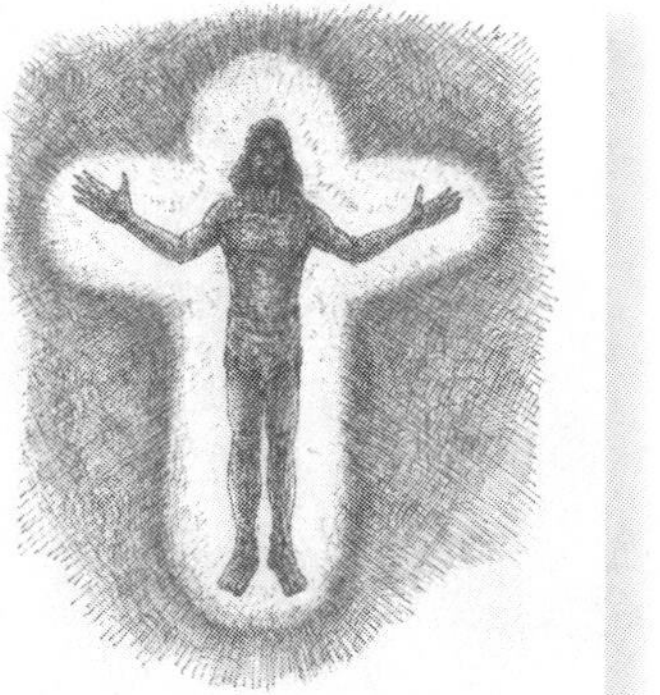

び皿を掲げた。主がモーセに命じられたとおりである。26 それから、会見の天幕の中の垂
れ幕の前に、金の祭壇を置き、27 その上で香り高い香をたいた。主がモーセに命じられた
とおりである。28 また、幕屋の入り口に垂れ幕を掛け、29 会見の天幕である幕屋の入り口
に全焼のささげ物の祭壇を置き、その上に全焼のささげ物と穀物のささげ物を献げた。主
がモーセに命じられたとおりである。30 また、会見の天幕と祭壇との間に洗盤を置き、洗
いのために、それに水を入れた。31 モーセとアロンとその子らは、それで手と足を洗った。
32 会見の天幕に入るとき、また祭壇に近づくとき、彼らはいつも洗った。主がモーセに命
じられたとおりである。33 また、幕屋と祭壇の周りに庭を設け、庭の門に垂れ幕を掛けた。
こうしてモーセはその仕事を終えた。34 そのとき、雲が会見の天幕をおおい、主の栄光が
幕屋に満ちた。35 モーセは会見の天幕に入ることができなかった。雲がその上にとどまり、
主の栄光が幕屋に満ちていたからである。36 イスラエルの子らは、旅路にある間、いつも
雲が幕屋から上ったときに旅立った。37 雲が上らないと、上る日まで旅立たなかった。38
旅路にある間、イスラエルの全家の前には、昼は主の雲が幕屋の上に、夜は雲の中に火が
あった。

11月の第三主日の礼拝にようこそいらっしゃいました。

こうして出エジプト記も最後の40章が開かれています。イスラエルは神さまを裏切り、金の子牛を造って拝んだ。そこでモーセは、神さまの痛みをもって十戒《じっかい》の石の板を投げ捨てて割ってしまう。ところが神さまはもう一度イスラエルに十戒の石の板を授けてくださった。もう一度この板を造ってくださった。

このことを思います時に、神さまって忍耐強いお方だなと思います。神さまが忍耐するって不思議だと思うんです。私たちは仕方なく忍耐することが多いんじゃないかなと思います。逆らうことができないから、仕方がないから、嫌だけれども我慢する。一方、神さまは強《し》いられて忍耐をする必要はない。それなのに、全能である神さまがその全能を用いて忍耐強くいてくださり、忍耐強く愛してくださる。

力は何のためにあるのか。能力って何のためにあるんだろうか。

神さまを見るなら、力は愛するため、与えるためにあることがよく分かります。力も富も能力も他の人に与えるためにある。しかし私たちはしばしばそれを間違えています。自分に与えられている力を用いて威張ったり、他の人を支配しようとしたりします。神さまは違います。忍耐強く、大きなあわれみを注いでくださいます。神さまはあわれみによってもう一度、十戒の二枚の板を与えイスラエルとの関係を回復してくださいました。本来だったら、金の子牛を造って拝むのは赦されないことですが、赦されないことを赦してくださいました。そこに大きなあわれみがあります。

聖書通読の最初の難関は出エジプト記25章に差し掛かる時だと言われます。そこからずっと幕屋の造り方の、こと細かな説明が続くわけです。わけが分からないからと言って、ここで通読を止めてしまうことが多いのです。25章から40章までの間に金の子牛の事件が3章ほど挟まっていますけれども、残りは幕屋の造り方の記事です。それほど詳細に幕屋について記しているのは、神さまにとっても、イスラエルにとっても、幕屋がとても大切なものであったことを示しています。

いったい何のために幕屋が造られたのか。一箇所だけ聖書を開いてみましょう。

「彼らにわたしのための聖所を造らせよ。そうすれば、わたしは彼らのただ中に住む。」（25・8）

神さまがイスラエルの中に住むため、またイスラエルに会うため、それが幕屋の目的です。

幕屋の図

幕屋の平面図

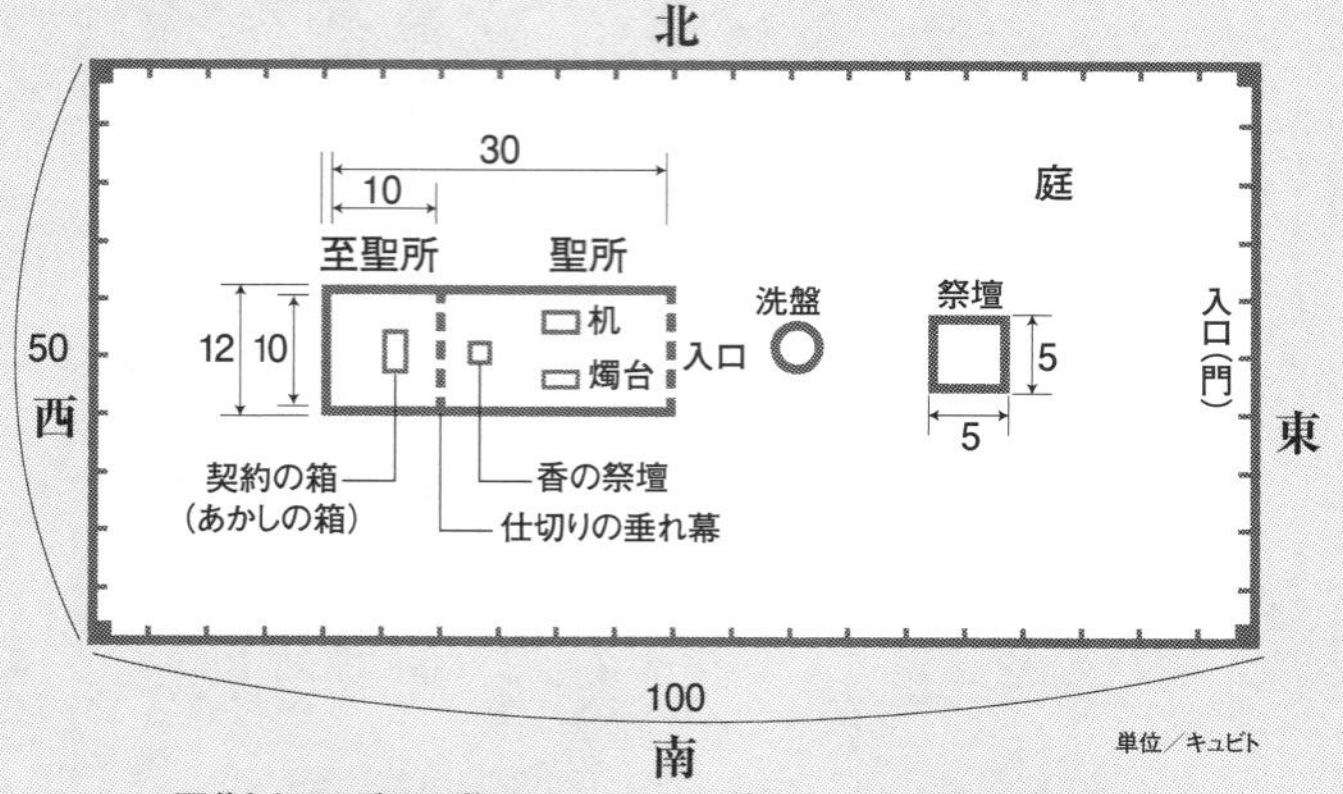

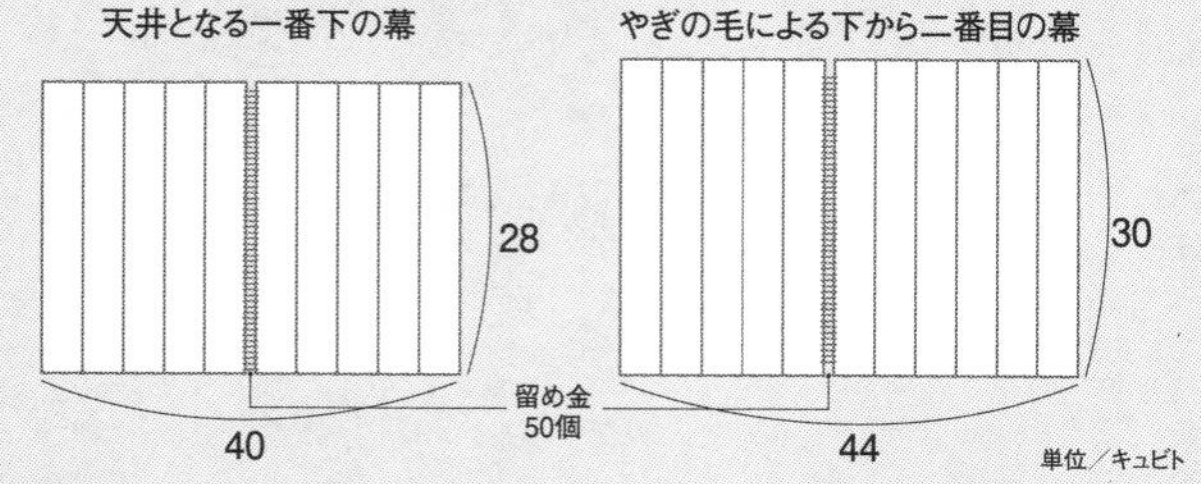

幕屋のイメージ図

iStock Photo Library

幕屋の配置は次のようになっていました。（『3分間のグッドニュース［律法］』鎌野善三著、ヨベル、2019年、4頁、図版参照）

「中庭（庭）」とある全体の敷地が三百坪ぐらいです。ちょうど明野キリスト教会の向かいの空き地ぐらいの広さですね。「聖所」というのが会見の幕屋と呼ばれるところです。大きさは、幅がだいたいこの会堂と同じ4メートルくらいです。長さはこの会堂の倍くらい。細長い形です。この倍ぐらいの長さでこれぐらいの幅のものが向かいの空き地に建っているとイメージすると何か身近に思えてきますね。聖所の奥から三分の一ぐらいのところが垂れ幕で仕切られていて、その奥が「至聖所」です。そこには十戒の二枚の石の板が納められた神の箱、つまり「契約の箱」がある。箱の上には蓋がついていて「宥《なだ》めの蓋《ふた》」と言われていて、そこには「ケルビム」という翼を持つ一対の天使のような、見ようによっては怪物のような像がついている。神さまは「モーセよ、私はその宥《なだ》めの蓋《ふた》の上から、二つのケルビムの間からあなたに語る。」とおっしゃった。聖所の奥の三分の一、この至聖所こそがまことに神さまがご自身を現し語りかけてくださる場所でした。聖所の中に入ることができるのは祭司だけで、一般の人びとはこの庭の部分で礼拝を行ったということです。

さて、天幕を建てるときに金銀や手に入りにくい布、毛皮など多くの貴重な材料がたくさん用いられたのですけれども、それは強制的に集めたのではない。人びとの中で感動した者、ささげる心が与えられた者、そういう人びとがささげた物でした。最後はモーセが「もう余るほどなので持って来てはならない」と指示しなければならなかったほどです。私は今まで礼拝の中で、多分一度も献金のお勧めをしたことはないと思うんです。礼拝で語られるべきことはやはり恵みだろう、だからただ神の恵みを語りたいと思って、語り続けてきました。献金には触れることがなかったのです。しかし考えてみれば献金もまた大きな恵みです。それは決して「教会の財政が窮屈だから献金をしてください」というお願いではなく「神さまの恵みに感動した者、神さまに心を動かされた者、そういう人びとは遠慮なくささげたらよい」というお勧めです。それは、やはり恵みのお勧めなんじゃないかなと思います。時には恵みとしての献金の勧めをすることも必要かなとも思わされています。

イスラエルが心から感動して、心から進んでささげ物をささげた。神さまはそれをとても喜んでくださった。ささげ物によって幕屋が出来上がったのですけれども、幕屋の組み立てが終わったからといって幕屋が完成したわけではありませんでした。40章33節を見ますと「こうしてモーセはその仕事を終えた。」と書いてあります。33節では仕事が終わっただけ。幕屋の完成は34節です。

「そのとき、雲が会見の天幕をおおい、主の栄光が幕屋に満ちた。」（40・34）

幕屋が完成したのは、神さまのご臨在がそこに現されたときです。人がどんなにささげたとしても、どんなに働いたとしても、幕屋を意味あるものとするのは神さまなんですね。教会も同じです。教会というのは建物のことではない。

思い出すのは福島第一バプテスト教会という、あの原発から一番近い所にあった教会。佐藤　彰という牧師が仕えている教会です。その教会は東日本大震災の時、原発から近いということで立ち入り禁止になったわけです。教会の人びとの住むところも原発の影響があるので五、六十人いたと思いますけれども、みんなバスに乗って、山形に避難した。そこにしばらくいた。教会が動いたわけです。奥多摩のバイブルキャンプ場に長い間いたこともあります。今は再建されて建物があります。では建物がない間、福島第一バプテスト教会という教会はなかったのか。そうじゃないですよね。どこにいても、神さまを信じキリストを崇める者たちの集いがあるなら、それが教会です。教会は建物ではなく神の民の集い。それが教会。そこに神さまが住んでくださって、礼拝を受けてくださる。今、この礼拝の中でも神さまが私たちにお会いくださっている。たとえ万が一、この建物に何かあって臨時にどこか別の場所で礼拝を守ることがあったとしても、その礼拝の中でも神さまは私たちに会ってくださる。礼拝の本質とは、神さまが私たちにお会いくださること。そのことを忘れたら、礼拝は賛美歌つきでよいお話を聞く時間になってしまう。もちろん、よいお話をしなければならないと思います。牧師は多くの時間を費やして説教に備えます。まずみ言葉から語るべき内容を汲み取って、それを語ろうとするわけです。しかし、説教はただ勉強したことを発表する場ではありません。何よりも神さまが、礼拝の中でお一人お一人に語りかけてくださる。それを信じて、祈って、牧師は講壇に立つ。集う人びとも、今日、礼拝の中で神さまが私に会ってくださる、語ってくださることを祈り信じて集う。それが礼拝です。そのように教会が祈って備える礼拝であるならば、神さまが私たちに会ってくださらないわけがない。なぜなら、神さまがそれを一番望んでおられるから。誰よりも神さまが私たちに会うことを望んでおられるから。教会を幕屋と同じように完成すること、教会が教会であることの核心は、そこで神さまが私たちに会ってくださるということにあります。

ところが神のご臨在の時、モーセは会見の天幕に入ることができなかった。主の栄光というのは主のご臨在。主の栄光が現われ、幕屋に満ちて、モーセは神ご自身が満ちた先に入ることができなかった。元々、幕屋で神さまを閉じ込めることなどできません。ソロモンがエルサレムに神殿を造った時「この神殿にあなたをお入れすることはとてもできない、でもあなたがあわれんでここにご自身を現わしてください。」と、そのように申し上げました。幕屋も同じで、神さまをそこに閉じ込めるのではなく、神さまをそこにすっぽり入れるのでもない。神さまがご自身を現わしてくださったということです。モーセはそこに入ることができなかった。神さまは、私たちが自由にできるようなお方ではないことを知る必要がある。神さまは私たちに会ってくださるけれども、それは私たちの都合のいい時に呼び出して用事を言いつけるようなことではないのを知っておく必要があります。

神さまが私たちと共にいてくださる。私たちはそのように祈り、そのことを喜ぶ。けれどもそれは、力強くて頼もしい神さまが用心棒のように側にいてくれる、ということではない。神さまが主ですからやはり、神さまにお会いする、神さまが共にいてくださるというのはある種の緊張を伴うと思います。なぜなら私たちが主ではなく、神さまが主なので、私たちは神さまのお心に従って生きることを求められるからです。

礼拝でみ言葉を聞く時の要《かなめ》はここにあると思います。預言者サムエルはサウル王に「聞き従うことは犠牲にまさる。」と言いました。神のみ言葉を聞く時、それが自分の意に反することで喜んで従うとはなかなか心から言えないことであっても、それに従うことが神さまを主とすることです。イスラエルは旅路にある間、神が行くとおっしゃった時には、いつも雲が幕屋から上って動いたのでそれに従った。自分たちの都合のいい時に動いたんじゃない。神さまが移動するとおっしゃったときに彼らも移動したのです。そうじゃない時は何日でも動かなかったんです。神さまは、私たちの思い通りにできるお方ではないことを知っておく必要があると思います。

新約聖書、ヨハネの福音書1章14節。週報の金言のところにも書いておきましたけれども。

「ことばは人となって、私たちの間に住まわれた。」

「ことば」というのはイエスさまのことです。イエスさまは人となって私たちの間に住まわれた。この「住まわれた。」というのは「天幕生活をする」という言葉です。御子イエスは、私たちの間で天幕生活をなされた。もう一回あの幕屋の図を見てください。周りにはイスラエルの人びとが住んだテントがありました。彼らのテントは茶色っぽくて今ひとつパッとしないテントですけれども、モーセの造った神の幕屋はよい材料で造られています。ここは特別な場所だということが分かります。けれどもイエスさまが来られた時には、そのお姿は他の天幕と全く変わらなかった。天幕とはイエスさまの場合、肉体と考えていいと思います。イエスさまは特別な存在として私たちの間に住んでくださったのではなく、壊れやすい、叩いたら血が出て傷つき痛む、そういう天幕の一つとして私たちの間に住んでくださった。モーセの時には直視することもできなかった栄光の神が、私たちと同じ人間として、私たちの間に住んでくださった。私たちが触れることができ、触れてくださる人として、私たちの間に住んでくださった。

神の幕屋でイスラエルが神に会うためにはどれほど大変な備えが必要であったか。幕屋設営については、何章にもわたって延々と書いてあり、指示通りに建設します。祭司は特別な服を作って着せ、聖別し祭司として立てます。動物をほふってささげる祭壇も準備します。そのように、大変な備えをしなければならなかった。後にエルサレムには神殿ができるのですが、その構造は幕屋の構造をそのまま模して大きくしたものです。奥には至聖所があり、聖所があり、祭壇があります。聖所と至聖所は垂れ幕で仕切られています。イエスさまが十字架の上で息を引き取られた時には、この垂れ幕が上から下まで真っ二つに裂けました。

一体何が起こったのでしょうか。

当時、至聖所と聖所を隔てる垂れ幕の中に入ることができるのは大祭司だけ、それも年に一度だけでした。でもその幕が裂けてしまった。全ての人がいつでも神さまにお会いすることができる、という象徴的な出来事が起こったのです。もうそういう幕がないんだから、私たちが神さまに会うために犠牲の動物も祭司の仰々しい格好も何もいらない。

じゃあ何も要らないから、何の備えもなく神さまに会うことができるようになったのでしょうか。そうではありません。神さまにお会いするための備えが簡略化された、という話じゃない。当時の血なまぐさい、凄まじい備えよりはるかに優る備えがイエス・キリストによってなされたのです。だから私たちは、いつでも神さまにお会いすることができる。手続きや備えが簡略化されたんじゃなくて、さらなる備えがなされていることを覚える必要があります。動物の血も、人間の祭司も、特別な幕屋も、神殿も、もう必要ない。それらに優る備えが私たちのために、イエス・キリストによってなされているからです。

礼拝には緊張が伴います。でもその緊張というのは「ちゃんとしなければさばかれるんじゃないか」という、恐怖という意味での「恐れ」による緊張ではない。恐怖から緊張してるんじゃないんです。もう一つの方の「畏れ」ですね、畏敬の畏、敬い愛するという意味の「畏れ」。私たちが近づくことのできないはずの神さまが、ご自身の御子を私たちに与えてくださった。そのことに驚き、敬い愛する。その畏れによる緊張ということです。

祈りには三つの種類があると言われています。

一つは祈願の祈りです。「これこれのことを神さましてください、かなえてください」という祈り。

二つ目は感謝の祈り。「神さま、このことをしてくださってありがとうございました。」

三つ目が賛美の祈り。

賛美というのはほめたたえることです。ある牧師が「日本の教会では、祈願の祈りと感謝の祈りはよく聞かれるけれども、賛美の祈りをあまり聞くことができない。礼拝の中で牧師がささげている祈りも祈願の祈りと感謝の祈りがほとんどで、神さまをほめたたえる賛美の祈りが聞かれないのは寂しいことだ」と言っています。「これをしてください、してくださってありがとうございます。」ということ以上に神さまの麗しい愛、あるいはそういう言葉では足りなくて凄まじいほどの愛と言ってもいいと思いますけど、私たちがそのような神さまの愛に心を奪われる時に、私たちの内には神さまをほめたたえる思いが生まれる。何かをしてほしいとか、何かをしてくれたとか、そういうことを超えたところで、神さまご自身をほめたたえる礼拝がそこに生まれる。礼拝を礼拝たらしめるものとは何か。それは神さまを敬い愛する畏れから生まれる、神さまのみわざに対する賛美。その賛美が礼拝を礼拝たらしめていることを覚えたいと思うんです。

私がかつて神戸の垂水《たるみ》教会で洗礼を受けたばかりのころ、当時牧師だった森 文彦先生に礼拝での服装について尋ねたことがあるんです。「礼拝はどういう服装で来たらよいでしょうか。スーツを着なければならないでしょうか。あるいはネクタイをしなければならないでしょうか」と尋ねたんです。そしたら森先生は「あなたは、あなたの一番いい服を着て来たらいい」とおっしゃったんです。私はその時は腑に落ちなかった。というか不満だったんです。もっとはっきり言ってほしいと思ったんです。ジーパンがダメと言われたらジーパンは履いて行かないし、真夏でもちゃんと上着を着てネクタイを締めて来なさいと言われればそうするのに、と思った。私が考えないでも済むように、迷わないでも済むようにはっきり指示してほしいと思ったんです。

そのころはそう思ったんだけれども、今は私を導こうとした牧師の心がわかるような気がします。礼拝を礼拝たらしめているものは何か。それはドレスコード、服装についての規則ではない。そうじゃなくて、神さまを愛して、ほめたたえ、賛美する心。それが礼拝に必要な心ですよね。だから礼拝に出かける時に、何を着ていこうか、スーツでなければならないということではない。スーツじゃなかったらいいということでもない。そういう問題ではない。私たちが礼拝で装うべき装いは、神さまを愛して賛美する心です。

もしどなたかが私に「礼拝でスーツを着なければなりませんか。」とお尋ねになったら、やはり私もあの時の森先生のように「あなたの一番いい服を」と答えるかもしれない。でもその時に、もう一言添えた方がいいかなとも思うんです。「どの服を着るか、それはあなたに委ねられている。でもただ一つ、神さまを愛して賛美する心、という一番の装いをお忘れになりませんように。」と、そのように申し上げたらよいかなと思います。

今朝も神さまがこの礼拝の中でみ言葉を通し、ご臨在を通し、私たちにお会いくださっていることを信じて、賛美をささげます。

解説

豊田信行

「深呼吸して、祈って、探す」、大頭先輩がある聖会で奉仕されたとき、子どもたちに向けて語られた言葉です。この順序こそが神の恵みのリズムです。祈る前、まず深呼吸するのが大事ですね。神さまの語りかけがないと祈りは生まれません。幼児は最初の言葉を発するまで、何万、何十万の言葉の語りかけを必要としています。幼児は自分から自然に語り始めることはありません。本書は神様の何万、何十万、何百万との語りかけから生まれたものだと思います。

「力づくで誰かを支配する。本当はそういうことが一番できるのが神さまのはずです。一番力を持っている。しかし、神さまはそういうことはなさらない。神さまだけは決してそういうことをなさらない。そうじゃなくて、神さまは語りかけるんです」（本文）

本書は神の語りかけを深く、ゆっくりと、吸い込み、ゆっくりと吐き出された祈りの言葉で紡がれています。まさに祈祷書です。神の語りかけの言葉が大頭先生の魂のなかで祈りの言葉として紡がれていったことが分かります。私は注解書があまり好きではありません。内容は素晴らしくても、息を吐き出すように書かれた本は読み進めているうちに息苦しくなってしまう。深呼吸が先か、祈りが先か、どうでもいいようだが、実はとても大事なことです。

「出エジプトの時代も、神さまはすでに救いを始めておられました。」（本文より）

どんな窮地に陥っても、まず深呼吸する。神さまがすでに働いていてくださる事実をしっかりと受け止める。それから、大きく吸った息をゆっくりと吐きだす。魂のなかで紡がれた祈りの言葉が読者の祈りと共鳴するようになるでしょう。読む者の信仰に躍動感が与えられる。今、この瞬間、神が生きて働いていてくださるとの期待に胸が高まっていくのです。今、この瞬間、自分が神の壮大な救いの物語のなかで生かされていることに気づかされ、ゆっくりと深呼吸ができるようになります。信仰生活の息苦しさは「独りよがりの信仰」に原因があることにも気づかされます。信仰生活の息苦しさは神の助けを探し始めることで独りよがりの信仰からの脱却、エクソダスによって解消されていきます。出エジプト記がモーセ自身の独りよがりの信仰からの脱却、エクソダスを描いていることに目を開いてくれます。

大きく深呼吸し、息を吐くように祈りをささげたら、神の始められた働きを探し始める。祈って、静かに待つことも大切ですが、祈ったら、神の助けを信じて、探し始める。この探し始めるということが信仰の冒険です。信仰に躍動感を与えてくれるもの、別の言い方をすると生きて働く信仰となるのは神への期待です。神が約束の地を備えてくださることを信じ、信仰の冒険へと出発することです。

本書には、大頭先生の信仰の冒険の具体例が紹介されています。ある時、大頭先生がお父様に心を開かれた出来事が記されています。多くの息子たちが父の承認を受けていないとの苦悩を絶対に言葉にすることなく、心の奥に押し込んでしまっています。実の父に閉ざされた心は父なる神にも心を閉ざしてしまう。御子イエスには心を開けるのだけれど、父なる神にはどうしても心が開けなくなる。三位一体の神に対してなにかぎこちなさが生じてしまいます。父から承認されていないと悩み続けた大頭先生が苦悩を打ち明けたとき、恐らく、一度も思いに浮かんだことさえない父の言葉が返ってきた。

「お前が私のことを認めていないからだよ」（本文）。

父の言葉を聞いた大頭先生は反論も、自己弁護もせず、ただ、「父もやはりさみしかったのかな」と思われた。この瞬間からお父様との関係が回復していった。このエピソードは信仰の冒険の具体例です。もし、祈っただけなら、その関係が回復することはなかったかもしれません。しかし、深呼吸し、祈った後、神の働き、神の備えを信じ、探し始めたとき、お父様の心でなかで働かれていた神と出会われた。今、この瞬間も神は語りかけ、働いていてくださる。だから、本書は独りよがりの信仰から脱却、エクソダスしたい、そう強く願わせ、背中を押してくれるのです。

（ニューライフキリスト教会牧師）

宮澤一幸（みやざわかずゆき）
長野市出身。1960年生まれ。大阪府枚方市在住。教会学校から教会に導かれ、高1時に受洗。2013年3月から京都府八幡市の明野キリスト教会員。妻、子2人、孫2人あり。趣味はトレイルランニング、楽器演奏。

山田風音＆みぎわ（やまだ・かずね＆みぎわ）
愛知県生まれ、新潟市在住。九州大学芸術工学部卒業後、豪州短期宣教師を経て保育士・幼稚園教諭として働く。2018年、インタビュー自分史の執筆や出版を手掛ける「ライフストーラー企画」を立ち上げる。名古屋市のクリスチャンシェアハウス「グレイスハウス」元ディレクター（チャプレン）。会衆を困惑させる奏楽者でもある。life-storier.com grace-house.com
みぎわ：新潟出身の父と秋田出身の母を持つ米どころハーフ。新潟聖書学院聖書課修了。保育士・幼稚園教諭。星野源の大ファン。

［さし絵］早矢仕“じょ～じ”宗伯（はやし・ひろたか）
1965年生まれ。大学時代、グラフィックデザイン・イラスト専攻。卒業後、出版社にてグラフィックデザイナーとして勤務。1990年、牧師を志し聖書宣教会にて学び、1993年より日本福音自由教会の牧師になり埼玉、東京にて牧会。2017年、「New Creation Arts Movement イエスの風」を立ち上げ、フリーランスの牧師＆アーティスト（牧師画家）としての活動を始める。キリスト教放送局FEBCのパーソナリティとして「みことばお散歩トーク」等番組を担当。聖書同盟『みことばの光』の執筆。フクシマアートプロジェクト「7つの詩～あれから6年僕らがみているフクシマ～」主催。B&Aアート展出展など幅広く活動している。

出口桐恵（でぐち・きりえ）
東京都目黒区生まれ。名前の「キリエ」は、出生時オーケストラでJ. S. バッハの「ミサ曲ロ短調」を演奏していたヴァイオリニストの父によって、ミサ曲冒頭の「キリエ・エレイソン」から命名された。獨協大学外国語学部フランス語学科卒。卒業後、商社企画室勤務。現在、フリーライター。3人の子どもがいる。

ほか、匿名一名。

【チームK　校正担当】

有松正治（ありまつ・せいじ）
北九州市出身。1948年生まれ。大阪府枚方市在住。妻の所属する京都府八幡市の明野キリスト教会に日曜日ごと妻の送り迎えをしていたが、退職後61歳のとき、同教会にて大頭眞一牧師より受洗。以来10年余り、現在まで同教会の教会員。母、妻と三人暮らし。一男一女、孫が二人。趣味は俳句。

栗田義裕（くりた・よしひろ）
静岡県静岡市生まれ。18歳の時に仙台で信仰に導かれ、仙台バプテスト神学校卒業後に石巻で7年間、開拓伝道に従事。その後、仙台の八木山聖書バプテスト教会で30年間牧師として奉仕。65歳を機に退任し神学校教育、被災地での後継者育成の分野で奉仕。家族は妻と一男二女、孫が4人。趣味はサッカー観戦とカップラーメン。

前田　実（まえだ・みのる）**【写真も担当】**
1953年7月三重県鳥羽市生まれ。1969年名城大学附高入学・写真部入部。1976年名城大学卒・中日本印刷（株）入社。1986年広告会社・三菱電機のハウスエージェンシー（株）アド・メルコ入社（現アイプラネット）。1993年12月 日本福音ルーテル知多教会にて明比輝代彦（あけひき・きよひこ）牧師より受洗。1999年超教派賛美CD『UNITY ～サイバースペースのクリスチャンたち』（ヨベル）刊行の企画・製作に関わる。2014年4月日本イエス・キリスト教団知多教会に転会。2016年9月 心室細動にて心停止後蘇生。2017年3月（株）アイプラネット退職、現在に至る。

協力者の方々のプロフィール

解説：豊田信行（とよだ・のぶゆき）
1964年大阪府生まれ。テキスタイルデザイナーを経て献身。Portland Bible College(オレゴン州)卒。1997年ニューライフキリスト教会牧師に就任。2006年からはニューホープチャペル（彦根市）の主任牧師も兼任。NPO法人 a cup of waterの代表理事、モリユリ・ミュージック・ミニストリー理事、Leadership Builder Publication代表。企画出版「心の刷新を求めて」。趣味はエクササイズ、スノボー、旅行、読書。妻と三男の父。

説教集協力者

【チームO　文字起こし担当】

勝俣寛人（かつまた・ひろと）
神奈川県出身。ゴスペルマジシャン。賛美チーム「Nisip」リーダー。少年時代、サラリーマンであった父が牧師へと転向。ある日突然PK（Pastor's Kids）と呼ばれるようになる。その中で経験してきた数々の証と共に、聖書をマジックで表現する「ゴスペルマジック」を携え、宣教の働きに従事している

小林尚也（こばやし・なおや）
1997年神奈川県茅ヶ崎市出身。高校一年生の時に教会に通い始め、その翌年に受洗。その後関東学院大学の国際文化学部へ進学し、「かんらん聖書研究会」の代表として活動。教会では礼拝の司会、奏楽のギター、ベース、CS教師など。大学時代から聖契教団の神奈川教区役員を務める。

立川 生（たちかわ・いくる）
1985年兵庫県神戸市生まれ。クリスチャンホームで育ち就職を機に東京、福岡へ転勤。現在日本バプテスト連盟博多キリスト教会在籍。

あとがき

説教集の第三巻です。第二巻の出版後、コロナをめぐる情勢はますます緊迫の度を増し、またアメリカ大統領選挙などもいろいろな議論を呼びました。

そんな中で思うことは、私たちは短期的には日々、当面の決定をくださなければならないために対立することを避けられない。けれども長期的には、わかり合えることを信じて、決して分かり合えないと思える相手と対話を続ける覚悟を持たなければならない、ということです。もちろん私たちはそんな信頼を自分で身につけることはできません。けれどもキリストがそうさせてくださいます。このことを忘れてはならないと思うのです。そのために私たちにはどうしても聖書のみことばが必要です。みことばの湯治《とうじ》によって癒されていくとき、私たちは神さまのおこころに生きることができるようになります。仲間と共に生きるリハビリも欠かすことができません。

この巻でもいつものように横浜指路教会の藤掛順一牧師の説教をおおいに参考にさせていただきました。また、語られた説教からの文字起こしや校正はいつものように仲間たちが助けてくれました。今回から明野キリスト教会の2名の愛兄が加わってくださったのも感謝です。説教集が一冊出るたびに恒例のようになったテーマソング。今回は森田裕史兄と久保木聡牧師がそれぞれ作曲してくださいました。ヨベル安田正人社長ご夫妻、装丁の長尾優《まさる》さん、カットの「じょ〜じ」こと早矢仕宗伯牧師に、今回もお世話になりました。また、水垣涉《わたる》先生が第二巻を読んでくださり、心あたたまるはげましをくださいました。お許しをえてご紹介させていただきます。

『天からのはしご』、小蝦《エビ》で鯛を釣った贈物でした。これを生《なま》で聴く会衆の幸いを思いました。神様の最善は、人が用いられることを通していよいよ最善になる、ということを学びます。先生六十才の由、まだまだ先があります。その「先」に福音によって救われる人々の群れが待っていることでしょう。主にありて。御健康をお祈りいたします。Pax Domini tecum（主の平和があるように）

みなさまの上にも平和がありますように。

２０２１年　復活祭

大頭眞一

OH!エクソダス

作詞/ 大頭眞一
作曲/ 森田裕史

Largo(幅広くゆるやかに) ♪ = 126

エクソダス　栄光への脱出

作詞　大頭眞一
作曲　久保木 総

この２曲は、久保木総、森田裕史の両氏がそれぞれに作曲してくださったものです。

大頭 眞一（おおず・しんいち）
1960年神戸市生まれ。北海道大学経済学部卒業後、三菱重工に勤務。英国マンチェスターのナザレン・セオロジカル・カレッジ（BA、MA）と関西聖書神学校で学ぶ。日本イエス・キリスト教団香登教会伝道師・副牧師を経て、現在、京都府・京都信愛教会/明野キリスト教会牧師、関西聖書神学校講師。
主な著書：『聖書は物語る』（2013、2023[8]）、『聖書はさらに物語る』（2015、2024[5]）、共著：『焚き火を囲んで聴く神の物語・対話篇』（2017）、『アブラハムと神さまと星空と　創世記・上』（2019、2024[3]）、『天からのはしご　創世記・下』（2020、2022[2]）、『栄光への脱出　出エジプト記』（2021、2024[2]）、『聖なる神聖なる民　レビ記』（2021、2024[2]）、『何度でも 何度で 何度でも 愛　民数記』（2021、2024[2]）、『えらべ、いのちを　申命記・上』（2022）、『神さまの宝もの　申命記・中』（2023）、『いのち果てるとも　申命記・下』（2023）、『聖化の再発見　ジパング篇』（2024〔編著〕、以上ヨベル）、『焚き火を囲んで聴く神の物語・聖書信仰篇』（2021、ライフストーラー企画）、『焚き火を囲んで聴くキリスト教入門』（2023、いのちのことば社）、『牧師・大頭の焚き火日記』（2024、キリスト新聞社）
主な訳書：マイケル・ロダール『神の物語』（日本聖化協力会出版委員会、2011、2012[2]）、マイケル・ロダール『神の物語　上・下』（ヨベル新書、2017）、英国ナザレン神学校著『聖化の再発見 上・下』（共訳、いのちのことば社、2022）

ヨベル新書 066
栄光への脱出　出エジプト記
焚き火を囲んで聴く神の物語・説教篇（3）

2021年2月18日 初版発行
2024年6月15日 2版発行

著　者 ── 大頭眞一
発行者 ── 安田正人
発行所 ── 株式会社ヨベル　YOBEL, Inc.
〒113-0033 東京都文京区本郷 4-1-1-5F
TEL03-3818-4851　FAX03-3818-4858
e-mail：info@yobel. co. jp

印刷 ── 中央精版印刷株式会社
装幀 ── ロゴスデザイン：長尾 優
配給元―日本キリスト教書販売株式会社（日キ販）
〒162 - 0814　東京都新宿区新小川町 9 -1　Tel 03-3260-5670
　ISBN978-4-909871-44-2 C0216

【本のひろば2020年9月号再録】

神の愛への信頼へと招く「生きた言葉」説教！

「焚き火を囲んで聴く神の物語・説教篇1」

アブラハムと神さまと星空と――創世記・上　大頭眞一著

評者：ゲオルギイ松島雄一

私は正教会の司祭です。若き日、福音に心奪われたとき、祖父が日露戦争出征に際し正教会で受洗した因縁で、神田ニコライ堂に駆け込み、そのまま正教しか知らずにきてしまいました。西方教会に対しては長い間、神学校時代に教えられた「間違った教え」へのステロタイプな理解しか持っていなかったと言えるでしょう。

そんな私にとって、大頭先生が本著で語っている創世記の「物語」はまことに新鮮でした。

驚きと言ってもよいでしょう。それは新奇なものへの出会いによるのではありません。正教会が普通に語っている、なじみ深い理解そのままがそこにあります。「解説」で勝俣慶信先生が「ここに、インマヌエルなる神さまの真のお姿が見えてくる気がいたします」と書いておられますが、私には正教が依拠する「古代教会の教父たちの共通理解」が浮かび上がってきます。しかも、大頭先生の明晰かつ熱っぽい、耳を傾けている方々へ少しでもわかりやすく伝えたいという愛にあふれた語り口によって。

しかし、本著は「創世記」が私たちに教えようとしているのは何なのかを説明するだけの本ではありません。そういう本なら他にもあるでしょう。本著は何よりも、愛するお嬢様に突然先立たれた大頭先生とそして奥様が、神さまの愛への信頼へと、耳を傾ける者一人ひとりをまるで抱きしめるように、招いてくださっている「生きた言葉」なのです。

先生はこう語っています。

「思いがけない自然災害や、愛する者たちの突然の死に直面するときに、どうして神さまがこんなことを、と私たちは思う。けれどもそれは、神さまが起こされたことではない。じゃあなぜ起こったのか。私たちはわからないことが、たくさんあります。小さな限られた私たちには、わからないことが多くあります。でも私たちには一番肝心なことが示されています。

教えられています。それは、神さまが私たちを愛してくださっているということ。私たちには想像もつかないような大きな愛で愛されているということ。だからどんな出来事のなかにも、そこを神さまの愛が貫いているということを私たちは知っておくべきです。そして私たちが悲しんだり痛んだりするときには、私たち以上に神さまが悲しんでおられるということ。このことだけを知っておくならば、このいろいろなことが私たちの目の前に開かれていくと思います」(102頁)。

またアブラハムへの神の祝福を私たち一人ひとりへの祝福に重ねてこうおっしゃています。

「私たち夫婦もじっと悲しみに耐えているような毎日があります。けれども、天地を造られた神さまが私たちを祝福してくださっています。悲しみもまたこの神さまに抱きかかえられながらの悲しみ。妙な言い方かも知れませんが、神さまの祝福のなかで悲しんでいます。悲しみも神さまの祝福から漏れていない」(170頁)。

本著は、この悲しみの「現場」で確かめられた神の愛と祝福への絶対の信頼を土台にして、「神の物語」へと私たちを誘います。

(まつしま・ゆういち＝大阪ハリストス正教会司祭)

【本のひろば2020年12月号再録】

神さまの目線に貫かれた説教

「焚き火を囲んで聴く神の物語・説教篇2」
天からのはしご――創世記・下　大頭眞一著

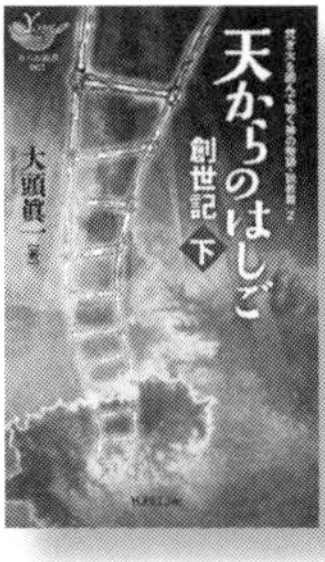

評者：中村佐知

大頭眞一牧師といえば、「焚き火の牧師」としてご存知の方も少なくないかもしれません。2017年に出版された大頭牧師の著書『焚き火を囲んで聴く神の物語・対話篇』（ヨベル）は、そのユニークなスタイルと神学的に深く切り込んだ内容で、大きな反響を呼びました。大頭先輩（焚き火の周りではそう呼びます）は、神学とは難解で重々しく無味乾燥なものというイメージを覆し、むしろ神の愛と喜びと涙に満ちたものであること、そしてそれは、言わば神の物語の目次のようなものであり、その目次が示すそれぞれの章の中身は、神と私たちが共に紡いでいくのだと教えてくれました(私の勝手な解釈かもしれませんが)。本書はその不思議な本の「説教篇」第二弾で、２０１８年6月24日から9月9日までに明野キリスト教会で語られた、創世記後半からの講解説教が収録されています。

私たちの人生は、出来事が箇条書きで並ぶ年表のようなものではありません。紆余曲折があり、喜怒哀楽のある、波乱万丈な物語です。本書に収録されている説教は、そんな私たち一人ひとりの物語に、神の物語がどう接近し、どう結びつくのかを語ります。説教ですから、そこには罪や悔い改めの話も出てきます。試練や誘惑との戦いも出てきます。しかし大頭先輩の説教を通して語られているのは、神や聖書についての知識や、道徳や、私たちが持つべき行動規範ではなく、私たちと関係を持つことを願って止まない生身の神の姿です。そしてそんな神に愛されている、私たち自身の姿です。

本書のタイトル「天からのはしご」は、創世記28章のヤコブの物語から取られています。このはしごは、芥川龍之介の小説『蜘蛛の糸』で、地獄で苦しむカンダタを助けるために釈迦が垂らした細い蜘蛛の糸のようなものではありません。これをつたって這い上れたら、罪にまみれた地上を脱出して天に入れるようにしてやろう、というものではないのです。大頭先輩は言います。

「普通、はしごは地から天に向かって立てます。だけど、どんなに高いはしごでも、地から天に届くようなことはないわけです。人が自分の力によって神さまに届こうとするならば、決して届くことができない。むしろ、自分の罪の深さにますますしゃがみ込んでしまう。……（中略）……でもこの夜ヤコブが夢で見たはしごは天から地へ向かって立っていた。……（中略）……神さまに届くことができないヤコブに神さまの方から来てくださった。……（中略）……どん底にいるヤコブの傍らに、横に、神さまが来てくださった、立ってくださった。ヤコブを赦し、祝福するために来てくださった。」（151～152頁）

大頭先輩の説教には、この神様の目線――私たちの傍らに立ち、私たちを愛し、赦し、抱き、祝福しようとしておられる神の目線――が貫かれています。それは、講壇の上から朗々と語られるというよりも、隣に座って友と分かち合うようにして、時には自己開示をし、時には優しく私たちの心を探りつつ、語られています。そしてそれを読むとき、読者は自分自身の物語を神の物語の中に見出して、驚くことでしょう。自分の物語の中に確かに神がおられ、慈しみに満ちた御手を差し出しておられることに気づき、慰めと励ましを得ることでしょう。

（なかむらさちⅡキリスト教書翻訳者、霊的同伴者）